Dieses Buch gehört:

_____

5 4 3 2   24 23 22 21
ISBN 978-3-649-63660-1

Deutsche Ausgabe:
© 2020 Coppenrath Verlag GmbH & Co. KG,
Hafenweg 30, 48155 Münster, Germany
CH: Baumgartner Bücher AG,
Centralweg 16, 8910 Affoltern a. A.
Alle Rechte vorbehalten
Deutscher Text: Sonja Fiedler-Tresp
Redaktion und Satz: Melanie Rhauderwiek
www.coppenrath.de

Englische Originalausgabe:
The Animal Awards
by Martin Jenkins, illustrated by Tor Freeman
© First published in 2019 by Frances Lincoln Children's Books,
an imprint of The Quarto Group, The Old Brewery,
6 Blundell St, London, N7 9BH, UK

Martin Jenkins

50 tierische
SUPERTALENTE

**Die spektakulärsten
Rekorde aus der Welt der Tiere**

Ins Deutsche übertragen von
Sonja Fiedler-Tresp

Mit Illustrationen von
Tor Freeman

COPPENRATH

Herzlich willkommen zur Kürung der 50 tierischen Supertalente!

Rollt den roten Teppich aus – gleich geht's los. Ihr werdet aus dem Staunen nicht herauskommen: Wir feiern die tierischen Supertalente und rücken ihre spektakulärsten Rekorde ins Scheinwerferlicht. Unter anderem wird es Preise für die Schnellsten, Ältesten und Stärksten geben, für die Stinkigsten, Größten und Längsten. Auch einige ungewöhnliche Gewinner werden wir präsentieren – und manche davon sind sogar ziemlich gefährlich. Ihr werdet die Ehre haben, all unsere besonderen Gäste ganz persönlich kennenzulernen: von giftigen Fröschen über organisierte Ameisen bis hin zu feingliedrigen Spinnen mit verblüffenden Jagdmethoden.

Es war keine leichte Aufgabe, die Sieger unter all den Nominierten zu bestimmen, aber wir hoffen, dass euch unsere Auswahl gefällt und ihr auf dem tierischen Laufsteg viel Wundersames entdeckt.

Und jetzt bitte einen großen Applaus! Die 50 tierischen Supertalente treffen ein ...

Das sind die Preisträger:

8 Die Termite

10 Die Großtrappe

12 Der Schimpanse

14 Der Wanderfalke

16 Der Tiefsee-Anglerfisch

18
Der Kaiserpinguin
Der Gewöhnliche Krake
Der Wanderalbatros
Der Afrikanische Elefant

20 Der Regenwurm

22 Die Blattschneiderameise

24 Der Cuvier-Schnabelwal

26 Der Löwe

28 Das Chamäleon

30
Die Küstenseeschwalbe
Der Europäische Aal
Der Blauwal
Das Rentier

32 Die Fledermaus

34 Der Skunk

36 Der Tiger

38 Der Zitteraal

40 Der Große Panda

42
Die Honigbiene
Der Nacktmull
Der Wolf
Der Anemonenfisch und die Seeanemone

44 Der Biber

46 Die Spinne

48 Das Känguru

50 Die Giraffe

52 Der Pfeilgiftfrosch

54
Der Graurücken-Leierschwanz
Der Knallkrebs
Der Specht
Der Coquí-Frosch

56 Der Gepard

58 Der Mistkäfer

60 Der Geier

62 Die Landschildkröte

64 Der Strauß

66
Der Karibische Riffkalmar
Der Fasanbutt
Die Rote Königsnatter
Die Kronenfangschrecke

68 Die Gelbe Haarqualle

70 Der Axolotl

72 Die Große Riesenmuschel

74 Der Eisbär

76 REGISTER

DIE TERMITE

Klasse: Insekten | **Lebensraum:** tropische Zonen weltweit | **Lebenserwartung:** manche Königinnen über 30 Jahre, andere viel weniger | **Nahrung:** Pflanzliches wie Holz, Humus und Gras sowie Pilze

Termiten sehen nicht allzu beeindruckend aus – die meisten sind nicht einmal 1 Zentimeter groß – aber sie sind echte Baumeister!

Ihre Bauwerke, die Termitenhügel, gehören zu den beeindruckendsten Gebilden der Natur. Sie können mehr als 10 Meter hoch werden.

Termiten sind wie Ameisen und Honigbienen soziale Insekten. Sie leben in großen Staaten mit einer Königin, einem König und einem Tross an Soldaten, deren Job es ist, die Kolonie vor Angreifern zu schützen. Die Arbeitertermiten sind für alle anderen Aufgaben zuständig: Futter und Wasser suchen, Tunnel graben, Hügel bauen oder Reparaturen ausführen.

Die Hügel gibt es in allen Größen und Formen. Immer aber leben die Termiten in einem Nest am Boden des Hügels. Wieso sie eigentlich die Hügel errichten, weiß niemand außer sie selbst, aber Forscher nehmen an, dass die Hügel zum Schutz der Nester vor Fressfeinden und zur Belüftung dienen. Tagsüber erwärmt sich die Außenwand des Hügels und dehnt sich aus, wodurch frische Luft zum Nest gelangt. Nachts kühlt die Außenwand ab und zieht sich zusammen, und die verbrauchte Luft wird durch winzige Löcher an den Seiten herausgepresst.

DER HÄUSLE-BAUER-PREIS

Termiten bauen hohe Hügel aus Naturmaterialien wie Erde und zerkautem Holz, vermischt mit Speichel.

DER HÄUSLEBAUER-PREIS GEHT AN DIE TERMITE.

Die Bauwerke der Termiten sind auf Dauer ausgerichtet. In Brasilien gibt es Termitenhügel, die 4000 Jahre alt sind.

Auch in anderen Gebieten tun sich Termiten hervor: Sie stellen einen Stoff her, den wir Menschen für Mottenkugeln verwenden. Die Termiten halten damit Eindringlinge fern.

Sie kleckern nicht, sie klotzen. Ein großes Nest kann mehrere Millionen Termiten beherbergen.

Termiten sind schlau. Bis heute verstehen Forscher nicht wirklich, wie sie sich beim Bau der komplizierten Gebilde organisieren.

DIE GROSSTRAPPE

Klasse: Vögel | **Lebensraum:** Europa und Afrika | **Lebenserwartung:** 10 Jahre |
Nahrung: kleine Nagetiere, Insekten, Echsen

Zu den größten Angebern im Tierreich zählen die Großtrappen. Dass sie sich so ins Zeug legen, hat einen Grund: Sie wollen mögliche Partner beeindrucken.

Wie so oft bei protzigen Tieren sind die Männchen die größten Prahler: Sie sagen sozusagen jedem weiblichen Tier in der Nähe: „Sieh mich an, ich bin der Beste und Gesündeste. Nimm mich!"

Großtrappen sind, wie der Name schon sagt, groß – bis zu 1 Meter bei einem Gewicht von bis zu 18 Kilo – und gehören zu den größten flugfähigen Vögeln, die es heute noch gibt. Im Frühjahr, wenn die Paarungszeit beginnt, wird das Gefieder des Männchens bunter und am Nacken wachsen ihm weiße fedrige „Barthaare". Wenn seine Show beginnt, stülpt er den ballonartigen Kehlkopf hervor, biegt den Schwanz über den Rücken nach vorn und breitet Flügel und Federn weit aus. Dabei stolziert er laut stampfend herum.

Das Ergebnis ist, dass er aussieht wie ein lebendiger Pinsel – ziemlich bekloppt also. Den Weibchen aber gefällt's. Sie entscheiden nun, welches Männchen am besten zu ihnen passt. Wenn sie sich eins ausgesucht haben, hoffen sie, dass die Jungen ebenso stark und hübsch werden wie der Papa.

Der MEGA-ANGEBER-PREIS

Großtrappen haben neben ihrem Schnabel lange Federn, die an einen schicken Bart erinnern. Dadurch wirken sie mächtig vornehm.

DER MEGA-ANGEBER-PREIS GEHT AN DIE GROSSTRAPPE.

Großtrappen-Männchen sind viel größer als die Weibchen.

Auch wenn sie noch so beeindruckend wirken, sind sie doch lausige Väter. Sie kümmern sich weder um die Eier noch um die Küken.

Großtrappen-Männchen kämpfen, um herauszufinden, wer der Stärkste der Gruppe ist.

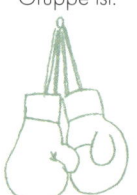

Die Barthaar-Federn des Männchens beginnen zu wachsen, wenn es 2 Jahre alt ist. Sie wachsen so lange, bis es ein Alter von 6 bis 7 Jahren erreicht.

Großtrappen-Männer versammeln sich für ihre Angeber-Auftritte an Balzplätzen. Das sind ebene Flächen, an denen die Weibchen sie von Weitem sehen können.

Auch andere Trappen sind bemerkenswerte Angeber. Die Flaggentrappe aus Indien und Nepal etwa lebt im hohen Gras. Damit es gesehen wird, springt das Männchen hoch in die Luft und flattert kräftig, bevor es wieder landet.

Die Männchen der Wammentrappe haben einen riesigen gefiederten Beutel am Hals, den Kehlsack, der bis zum Boden reicht.

Das Kragentrappen-Männchen bläht seinen weiß gefiederten Hals auf, wirft den Kopf zurück und sprintet plötzlich los, als wenn es keine Zeit hätte.

DER SCHIMPANSE

Klasse: Säugetiere | **Lebensraum:** West- und Zentralafrika |
Lebenserwartung: in freier Wildbahn 35 Jahre | **Nahrung:** fast alles, vor allem Früchte

Lange Zeit dachte man, dass nur Menschen Werkzeuge verwenden. Doch auch Schimpansen können mit Hammer, Meißel und Co. umgehen.

Viele andere Tiere nutzen ebenfalls einfache Werkzeuge, allerdings oft jeweils nur eines für einen ganz bestimmten Zweck. Der Schmutzgeier zum Beispiel benutzt Steine, die er aus der Luft auf Straußeneier wirft, um deren harte Schale zu knacken. Spechtfinken nutzen Kaktusdornen, um schmackhafte Raupen darauf aufzuspießen, Seeotter benutzen auf dem Rücken schwimmend flache Steine, auf die sie Muscheln und Seeigel schlagen, um sie zu öffnen. Nur wenige Tiere verwenden verschiedene Werkzeuge für verschiedene Zwecke. Der Beste unter ihnen ist der Schimpanse.

Die Werkzeuge unterscheiden sich von Schimpansen-Gruppe zu Schimpansen-Gruppe. Manche basteln Löffel aus zerknüllten Blättern, um darin Trinkwasser zu sammeln. Andere benutzen Äste als Trommelstöcke und halten auf diese Weise Kontakt zueinander. Doch Schimpansen arbeiten nicht nur mit gefundenen Werkzeugen, sie stellen sie auch selbst her. Um die köstlichen Termiten aus ihren Nestern zu klauben, bauen sie sich Angeln. Dafür brechen sie einen dünnen Ast vom Baum ab, schälen ihn, spalten ihn längs und schleifen ihn an einem Ende mit den Zähnen, um eine scharfe Spitze zu erhalten. Das andere Ende fransen sie aus, sodass eine Art Pinsel entsteht. Ganz schön mühsam, aber die Arbeit lohnt sich!

DER HAMMER- UND- MEISSEL- PREIS

Schimpansen verwenden mehr Werkzeuge als alle anderen Tiere.

DER HAMMER-UND-MEISSEL-PREIS GEHT AN DEN SCHIMPANSEN.

Schimpansen sind die engsten Verwandten des Menschen – kein Wunder, dass wir viel gemeinsam haben, wie auch unsere Vorliebe für Werkzeuge.

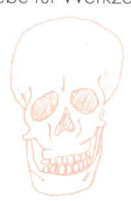

Schimpansen handeln planvoll. Von einem im Zoo lebenden Schimpansen wird berichtet, dass er Steine sammelte und versteckte, wenn er sich unbeobachtet fühlte. Mit denen bewarf er dann regelmäßig die Zoobesucher.

Manche Schimpansen verwenden ganze Werkzeugsets – die Schimpansen in Gabun, Zentralafrika, beispielsweise nutzen 5 Gerätschaften, um sich Honig aus dem Bau der Wildbienen zu beschaffen.

Mancherorts verwenden Schimpansen flache Steine als Amboss und kleinere Steine als Hammer zum Öffnen von hartschaligen leckeren Nüssen. Wenn der Amboss wacklig oder uneben ist, legen sie einen kleineren Stein drunter, um ihn zu begradigen.

Krähen in Neukaledonien sind schlaue Vögel, die ebenfalls Werkzeuge nutzen und selber bauen. Sie biegen Holzsplitter, Kiefernnadeln oder Streifen von Farnstängeln so um, dass sie Raupen aus winzigen Spalten ziehen können.

Orang-Utans nutzen auch ab und zu Werkzeuge. Mit dünnen Ästen stochern sie in Baumhöhlen auf der Suche nach Essbarem. Blätter verwenden sie wie Handschuhe, wenn sie stachelige Früchte essen, und wie Servietten, wenn sie sich klebrigen Pflanzensaft aus dem Gesicht wischen.

DER WANDERFALKE

Klasse: Vögel | **Lebensraum:** fast überall, außer in der Antarktis und auf Neuseeland |
Lebenserwartung: in freier Wildbahn 15 Jahre | **Nahrung:** hauptsächlich kleine und mittelgroße Vögel

Für den Titel des schnellsten Tieres der Welt gibt es einen klaren Sieger: den Wanderfalken!

Der hübsche Raubvogel ernährt sich fast ausschließlich von anderen Vögeln, die er in der Luft jagt. Auf der Suche nach Beute zieht er große Kreise. Manchmal beobachtet er die Lage auch von einem hohen Ast aus. Wenn er einen Vogelschwarm entdeckt, steigt er hoch in die Luft über ihn auf, bis er im richtigen Moment die Flügel anlegt und kopfüber herabsaust. Er sucht sich einen der Vögel aus, zielt mit ausgestreckten Fängen auf sein Opfer und schießt darauf zu. Wenn er es trifft, tötet dies gewöhnlich das Opfer. Der Wanderfalke drosselt nun das Tempo und fängt den heruntertrudelnden Vogel im Flug, bevor er sich davonmacht und ihn genüsslich verspeist.

Wanderfalken können beim Niederstoßen ein unglaubliches Tempo erreichen – locker 320 km/h, wahrscheinlich sogar mehr, besonders in großen Höhen, in denen die Luft dünn ist. Der Sturzflug hat den Vorteil des Überraschungsmoments, außerdem verleiht die hohe Geschwindigkeit dem Falken eine enorme Wucht. So kann er leicht Beute bewältigen, die so groß ist wie er selbst, beispielsweise Tauben.

DER DÜSEN-FLIEGER-PREIS

Dank der Schwerkraft erreichen Wanderfalken ein unglaubliches Tempo.

DER DÜSENFLIEGER-PREIS GEHT AN DEN WANDERFALKEN.

Der Wanderfalke hat ein durchsichtiges drittes Augenlid, das die Augen beim Sturzflug vor Schmutz und Staub schützt.

Sein Tempo hat den Wanderfalken zu einem sehr erfolgreichen Jäger gemacht – er ist der am weitesten verbreitete Raubvogel überhaupt.

Die Weibchen sind bei den Wanderfalken etwas größer als die Männchen. Beide aber sind gleich schnell.

Junge Wanderfalken verbringen viel Zeit damit, den Sturzflug zu üben – ganz schön nervtötend für alle Spatzen und Tauben in der Umgebung.

DER TIEFSEE-ANGLERFISCH

Klasse: Knochenfische | **Lebensraum:** Tiefsee weltweit | **Lebenserwartung:** bis zu 25 Jahre | **Nahrung:** andere kleine Meerestiere

Je tiefer du im Meer hinabsteigst, desto dunkler wird es, auch mitten am Tag.

Das liegt daran, dass das Sonnenlicht vom Meerwasser geschluckt wird. Nur sehr wenig Licht gelangt tiefer als 200 Meter. Die meisten Lebewesen der Tiefsee können daher selbst Licht produzieren. Diese Fähigkeit nennt man „Biolumineszenz". Auch einige Landlebewesen besitzen sie, zum Beispiel Leuchtkäfer wie das Glühwürmchen und einige Pilze.

Man geht davon aus, dass manche Tiere Licht produzieren, um sich zurechtzufinden, und andere, um einen Partner anzulocken. Das Licht kann auch der Verteidigung dienen, wenn damit Angreifer abgeschreckt werden.

Andere Tiere wiederum zieht ein Licht in der Dunkelheit an. Weibliche Tiefsee-Anglerfische nutzen genau diesen Effekt. Sie haben eine „Angel", die aus dem Rücken oder Kopf herauswächst und an deren Ende ein leuchtender „Köder", die sogenannte Esca, hängt. Andere Tiere, die das für ein leckeres Häppchen halten, finden sich schnell zwischen den rasiermesserscharfen Zähnen der Anglerfische wieder.

Es gibt über 200 Arten von Anglerfischen, und bei den meisten haben die Weibchen ein leuchtendes Gewächs als „Angelköder".

DER TASCHENLAMPEN-PREIS GEHT AN DEN TIEFSEE-ANGLERFISCH.

Der Köder der Anglerfisch-Weibchen enthält Licht produzierende Bakterien.

Bei einigen Anglerfisch-Arten ist der Köder eine Art Büschel, das vier- bis fünfmal größer sein kann als der ganze Fisch.

Manche Anglerfische können das Licht in der Esca an- und ausknipsen. Wenn die Beute sich nähert, führt sie die Esca näher und näher an ihr Maul heran.

Alle Tiere haben Nachkommen – ohne die Kleinen würden sie schließlich aussterben! Es gibt verschiedene Arten der Fortpflanzung. Oft treffen sich Männchen und Weibchen nur zur Paarung, anschließend legt das Weibchen die Eier oder gebärt lebend, und dann sind die Jungen auf sich gestellt. Manche Tiere aber geben alles, um ihren Jüngsten den besten Start ins Leben zu ermöglichen. Hier kommen einige Vorzeige-Eltern:

DER KAISERPINGUIN *Aptenodytes forsteri*
Der Coolster-Papa-Preis

Klasse: Vögel | **Lebensraum:** Antarktis | **Lebenserwartung:** gewöhnlich 20 Jahre, manchmal bis zu 50 | **Nahrung:** Fische, Tintenfische und Krill

Kaiserpinguine brüten im Herbst auf dem Eis der Antarktis. Nachdem die Mama ein Ei gelegt hat, marschiert sie den langen Weg von der Brutkolonie bis zurück ans Meer. Mehrere Wochen ist sie nun für sich und das ungeschlüpfte Junge auf Nahrungssuche. Der Vater hält das Ei den kalten Winter hindurch warm. Währenddessen frisst er nicht, sondern zehrt von seinen Fettreserven. Wenn die Mutter zu Frühjahrsbeginn wiederkommt, ist das Küken gerade geschlüpft. Nun ist es an der Zeit für den Vater, Futter zu beschaffen. Bis er wiederkommt, kümmert sich die Mutter um das Junge.

DER GEWÖHNLICHE KRAKE
Octopus vulgaris
Der Allerbeste-Mami-Preis

Klasse: Kopffüßer | **Lebensraum:** alle küstennahen Meere | **Lebenserwartung:** 3 Jahre | **Nahrung:** Garnelen, Krabben, Muscheln, Fische

Ein Krakenweibchen bringt das größte Opfer überhaupt, wenn es sich um seinen Nachwuchs kümmert. Nur einmal im Leben legt es Eier, dann aber bis zu 400 000 auf einmal. Es klebt sie an einer geschützten Stelle unter Wasser fest, passt auf sie auf und bewacht sie vor Raubtieren. Die Krakenmama streicht Meerwasser über die Eier, damit die Jungen darin ausreichend mit Sauerstoff versorgt sind, und wischt sofort jeden Seetang weg, der sich andocken will. Während der 2 Monate, in denen sich die Jungen in den Eiern entwickeln, frisst die Mama nichts. Und wenn die Brut sicher geschlüpft ist, stirbt sie.

DER WANDERALBATROS *Diomedea exulans*
Der Ewige-Treue-Preis

Klasse: Vögel | **Lebensraum:** offenes Meer rund um die Antarktis | **Lebenserwartung:** über 80 Jahre | **Nahrung:** Fische, Tintenfische und andere Meerestiere

Wie manch andere Seevögel auch führen Wanderalbatrosse lange Partnerschaften. Alle 2 Jahre zur Brutzeit kommen die gleichen Paare zusammen, um die Küken aufzuziehen. Und das dauert ganz schön lange. Das Ei muss 11 Wochen lang bebrütet werden, bevor das Küken schlüpft, und dann wird es 9 Monate lang gefüttert. Aber nicht immer läuft alles nach Plan. Wenn das Küken nicht schlüpft oder stirbt, kommt das Paar nach 2 Jahren erneut zusammen, um es noch einmal zu versuchen. Albatrosse halten eben zusammen, was immer auch geschieht.

DER AFRIKANISCHE ELEFANT *Loxodonta africana*
Der Super-Omi-Preis

Klasse: Säugetiere | **Lebensraum:** Afrika | **Lebenserwartung:** mindestens 70 Jahre | **Nahrung:** Gräser, Wurzeln, Blätter, Zweige

Afrikanische Elefanten leben in Familienverbänden zusammen, manchmal in ziemlich großen. Diese Familien bestehen aus Weibchen und Jungtieren. Erwachsene Elefantenbullen leben meist allein für sich oder mit anderen männlichen Elefanten. Die älteste Elefantin hat das Kommando, sie ist die Leitkuh. Sie entscheidet, wohin die Herde als Nächstes zieht, verteidigt sie, wenn Gefahr droht, und weist die Jüngsten zurecht. Die anderen Tiere sind in der Regel ihre jüngeren Schwestern, Töchter, Nichten, Enkelinnen und Großnichten. Söhne, Enkel, Neffen und Großneffen bleiben im Familienverband, bis sie ins Teenager-Alter kommen und die Gruppe verlassen.

DER REGENWURM

Klasse: Gürtelwürmer | **Lebensraum:** fast überall, außer in der Antarktis | **Lebenserwartung:** 3 bis 8 Jahre | **Nahrung:** humusreiche Erde, vermodertes Laub und andere Pflanzenreste

Fast alle Pflanzen brauchen Erde, um darin zu gedeihen. Und wir wiederum brauchen die Pflanzen – ohne sie könnten wir nicht leben.

Erde besteht aus einem Gemisch aus Mineralien und organischen Überresten von Lebewesen. Sie bietet Lebensraum für Pflanzenwurzeln, Mikroben, Pilze, winzige Krabbeltiere und Larven. Ein Bodenbewohner sorgt besonders dafür, dass sich alle stets in der Erde wohlfühlen: der Regenwurm!

Regenwürmer leben in unterirdischen Wohnröhren und fressen vor allem organische Pflanzenreste. Sie kommen nachts heraus, um Laub zu sammeln und in ihre unterirdischen Gänge zu ziehen, wo sie es gemütlich verspeisen. Dabei nehmen sie auch Mineralien (also Sandkörner, Steinchen und Salze) auf, mit denen sie das Futter besser zerkleinern können. Ihr Verdauungssystem zieht alles Brauchbare aus der Nahrung heraus, und den Rest geben sie wieder ab: eine feine Mischung aus unverdauten organischen Stoffen und Mineralien. Wurm-Häuflein sind besonders reich an wertvollen Stoffen, die Mikroorganismen und Pflanzen zum Leben benötigen. Indem der Regenwurm seine Nahrung verdaut und die Reste davon ausscheidet, erleichtert er den Pflanzen und anderen Bodenbewohnern die Aufnahme dieser Stoffe. Er sorgt also für bessere Erde.

In den Häuflein des Regenwurms stecken jede Menge gute Stoffe für die Erde.

DER BIO-GÄRTNER-PREIS GEHT AN DEN REGENWURM.

Die Gänge, die Regenwürmer graben, halten den Boden luftig und locker. Außerdem kann das Wasser nach heftigem Regen so besser abfließen.

Die meisten Regenwürmer sind kürzer als 25 Zentimeter, aber in Australien gibt es eine Art, die bis zu 3 Meter lang werden kann.

Ein durchschnittlich großer Regenwurm kann bis zu 4 Kilo Losung (also Häuflein) pro Jahr produzieren. In gutem Boden können bis zu 400 Regenwürmer auf 1 Quadratmeter leben.

Regenwürmer legen in einem unterirdischen Schleimkokon Eier ab. Die schlüpfenden Würmchen sind winzig, aber stark – wenn sie graben, können sie Erde aus dem Weg schieben, die 500-mal so schwer ist wie sie selbst.

Es gibt Regenwürmer in verschiedenen Farben. Eine tropische Art ist sogar richtig leuchtend blau!

Die meisten Regenwürmer leben dicht unter der Erdoberfläche, manche buddeln aber auch bis zu 2 Meter tiefe Tunnel. Andere leben in Haufen aus totem Laub hoch oben in Bäumen.

Regenwürmer sind die Leibspeise vieler Tiere, etwa von Vögeln, Fröschen, Lurchen, Igeln, Spitzmäusen und Maulwürfen.

DIE BLATTSCHNEIDERAMEISE

Klasse: Insekten | **Lebensraum:** Süd-, Mittel- und Nordamerika | **Lebenserwartung:** vermutlich bis zu 20 Jahre | **Nahrung:** Pilze

Menschen haben das Gärtnern erfunden? Falsch. Ameisen sind schon seit 10 Millionen Jahren Profis auf diesem Gebiet.

Und sie sind immer noch unter uns. Die geschicktesten Gärtner sind die Blatterschneiderameisen, die in warmen Ecken von Süd-, Mittel- und Nordamerika im Wald leben.

Blattschneiderameisen leben in unterirdischen Staaten. Jeder Ameisenstaat hat eine Königin und unzählige Arbeiterameisen. Die Königin verbringt ihr Leben damit, Eier zu legen, aus denen Arbeiterameisen schlüpfen. Um alle zu ernähren, müssen die Arbeiterinnen ihre Nahrung selber anbauen. Dafür tragen sie Blätterschnipsel in das Nest und zerkauen sie zu Kügelchen. Die legen sie auf einen Haufen und lassen ihn verrotten. Mit der Zeit wachsen Pilze auf dem Haufen. Und diese Pilze wiederum bilden leckere eiweißhaltige Knollen, von denen sich die Ameisen ernähren. Auch die Larven, also die Babyameisen, werden damit gefüttert.

Die meisten von ihnen werden später Arbeiterinnen ohne Flügel, aber während der Brut – gewöhnlich zu Beginn der Regenzeit – wachsen einzelnen von ihnen Flügel. Sie fliegen vom Nest fort, paaren sich und bauen einen eigenen Ameisenstaat.

Blattschneiderameisen zerschnippeln und verarbeiten Blätter, bis darauf leckere Pilze wachsen.

DER GRÜNE-DAUMEN-PREIS GEHT AN DIE BLATTSCHNEIDERAMEISE.

In einem großen Ameisenstaat können 8 Millionen Arbeiterinnen leben – es muss also viel Nahrung produziert werden, damit alle satt werden!

Wenn eine junge Königin ihre Heimatkolonie verlässt, nimmt sie im Maul einige Pilze mit, um in ihrer neuen Kolonie wieder einen Pilzgarten anzulegen.

Arbeiterameisen kauen die Blätterschnipsel zu Kügelchen, auf denen die Pilze wachsen. Man vermutet, dass die Ameisen Bakterien an ihrem Körper tragen, die als Dünger für die Futterpilze dienen.

Blattschneiderameisen halten ihren Pilzgarten sehr sauber und jäten ihn gründlich. Es gibt Ameisen, deren einzige Aufgabe es ist, fremde Schimmelpilze zu entfernen.

Die Arbeiterinnen der Blattschneiderameisen sind nach Größe in verschiedene Gruppen – die Kasten – unterteilt. Jede Kaste hat einen anderen Job. Die größten Ameisen sind Soldaten, die ihre Kolonie verteidigen. Die Kleinsten sind Gärtner, die die Pilzfarm pflegen und sich um die Larven kümmern. Die mittelgroßen Ameisen sammeln Blätter und Blüten.

Die Sammler tragen Laub von Bäumen und Büschen in der Nähe des Nests zusammen. Sie schneiden die Blätter und Blüten in handliche Stücke und transportieren sie bis zu 60 Meter weit zum Nest. Kleinere Ameisen lassen sich von ihnen mitnehmen. Ihre Aufgabe ist es, Fliegen zu vertreiben, die die Sammler angreifen, und die Pflanzenstücke zu reinigen.

DER CUVIER-SCHNABELWAL

Klasse: Säugetiere | **Lebensraum:** in allen Weltmeeren | **Lebenserwartung:** 60 Jahre |
Nahrung: Tintenfische, kleine Fische und andere Meerestiere

Der Cuvier-Schnabelwal schlägt alle Tauchrekorde – zumindest unter den Säugetieren. Der längste und tiefste von ihm gemessene Tauchgang dauerte unglaubliche 2 Stunden und 17 Minuten. Dabei tauchte er fast 3000 Meter tief.

Fast alle Lebewesen brauchen zum Leben Sauerstoff. Cuvier-Schnabelwale sind lungenatmende Tiere, die zum Atmen auftauchen müssen.

Wenn die Wale abtauchen, brauchen sie genügend Sauerstoff in ihren Zellen. Die meisten im Wasser lebenden Lungenatmer kommen alle paar Minuten nach oben und holen Luft, was die mögliche Tiefe des Tauchgangs beschränkt. Cuvier-Schnabelwale aber haben sich so angepasst, dass sie auch lange und tiefe Tauchgänge schaffen.

Sie tauchen so tief, weil sie auf der Suche nach Beute sind, besonders nach Tintenfischen, ihrer Leibspeise. Weil es dort unten zu dunkel ist, um etwas zu sehen, nutzen sie die sogenannte Echoortung. Die Wale senden ein Signal in Form eines klickenden Geräusches aus. Es prallt gegen Objekte in der Umgebung, und die Wale lauschen auf das Echo. So können sie die Objekte orten und erkennen.

DER U-BOOT-PREIS

Dieser Wal ist der Jungstar unter unseren Preisträgern. Man entdeckte erst 2014, wie tief er tauchen kann.

DER U-BOOT-PREIS GEHT AN DEN CUVIER-SCHNABELWAL.

Cuvier-Schnabelwale können viel Sauerstoff speichern, vor allem in den Muskelzellen.

Bevor sie tauchen, atmen sie aus, um die Gasmenge in ihrer Lunge zu verringern. Dadurch haben sie weniger Auftrieb und können schneller tauchen.

Wenn sie tauchen, fahren sie ihr Verdauungssystem und die Tätigkeit anderer Organe herunter, um weniger Sauerstoff zu verbrauchen.

Der Blutfluss wird von den Extremitäten zu Gehirn und Herz umgeleitet, damit diese weiterarbeiten.

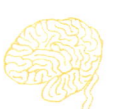

Südlicher See-Elefant, 100 Minuten, 2400 Meter

Kaiserpinguin, 32 Minuten, 535 Meter

Pottwal, 90 Minuten, 2250 Meter

Lederschildkröte, 70 Minuten, 1300 Meter

Wenn er sehr lange getaucht hat, bleibt der Cuvier-Schnabelwal mindestens 40 Minuten über Wasser, bevor er wieder abtaucht. Da sich beim Tauchgang in seinem Körper schädliche Stoffe gebildet haben, muss er viel Sauerstoff einatmen, um diese abzubauen.

Stimmlippen

Melone

Mittel- und Innenohr

Kiefer

Um Beute aufzuspüren, macht der Schnabelwal Klick-Geräusche. Dazu bläst er Luft durch die Stimmlippen. Das Geräusch wird an die sogenannte Melone in der Stirnhöhle des Wals weitergeleitet. Von dort geht der Schall zielgerichtet nach außen. Der Kiefer fängt das Echogeräusch auf und gibt es an das Innenohr weiter.

DER LÖWE

Klasse: Säugetiere | **Lebensraum:** Afrika und wenige in Indien | **Lebenserwartung:** etwa 12 Jahre | **Nahrung:** Antilopen, Zebras, Gnus und Büffel

Keine Haarpracht ist so berühmt und beeindruckend wie die des Löwen-Mannes. Löwen gehören zu den Großkatzen, sind aber die einzigen Katzen mit einer Mähne.

Auch andere Tiere haben Mähnen, also langes Haar, zum Beispiel Pferde und Mähnenwölfe. Die Löwenmähne ist so besonders, weil sie eine Art Werbung ist: Sie zeigt an, wie stark und gesund das Tier ist. Je länger und dunkler die Mähne, desto beeindruckender der Löwe. Sowohl männliche als auch weibliche Löwen achten genau darauf, wie die Mähne ihres Gegenübers aussieht. Für die Weibchen hat das Einfluss auf ihre Partnerwahl, für die Männchen darauf, mit wem sie sich anlegen oder nicht.

Löwen-Männchen kämpfen im Laufe ihres Lebens ziemlich oft. Einige von ihnen ziehen herum und versuchen, in bestehende Gruppen – die Rudel – einzudringen, indem sie den Chef-Löwen vertreiben. Das gefällt dem natürlich gar nicht, und schon ist ein böser, manchmal tödlicher Kampf im Gange. Gewöhnlich vermeiden es Löwen, mit Männchen zu kämpfen, die eine längere und dunklere Mähne haben als sie selbst. Da diese Jungs vermutlich stärker sind als sie, würden sie arge Schrammen riskieren.

DER WALLE-MÄHNE-PREIS

Die Mähne des Löwen wächst sein ganzes Leben lang.

DER WALLEMÄHNE-PREIS GEHT AN DEN LÖWEN.

Weibliche Löwen finden dunklere Mähnen anziehender, aber die Länge ist für sie nicht so entscheidend.

Ob sie einen Kampf mit einem anderen anfangen, entscheiden die Männchen nach Länge und Farbe seiner Mähne.

Eine lange, dunkle Mähne kann leicht zur Überhitzung führen. In heißen Gegenden tragen die Löwen daher eher kurze und helle Mähnen.

Die Mähnen der Löwen haben sich wohl ursprünglich entwickelt, um Hals und Schultern im Kampf zu schützen.

Dass in Rudeln lebende Löwen-Männer immer nur faul herumliegen, während die Weibchen jagen, stimmt nicht. Sie sorgen für den Schutz des Rudels.

Rudel bestehen meist aus einigen Männchen, vielen Weibchen und dem Nachwuchs. Durchschnittlich leben 15 Löwen in einem Rudel zusammen, es können aber bis zu 30 sein.

Das Leben im Rudel kann hart sein. Wenn ein Männchen ein Rudel erfolgreich übernimmt, vertreibt es nicht nur die anderen erwachsenen Männchen, sondern tötet auch deren Jungtiere, damit es bald eigenen Nachwuchs mit den Weibchen zeugen kann.

Löwinnen verbleiben meist in dem Rudel, in das sie hineingeboren wurden. Die Männchen werden vertrieben, wenn sie etwa 2 bis 3 Jahre alt sind. Einige Jahre leben sie als Nomaden, bevor sie versuchen, ein bestehendes Rudel zu übernehmen.

DAS CHAMÄLEON

Klasse: Reptilien | **Lebensraum:** Madagaskar, Afrika, Südeuropa und in Teilen Asiens | **Lebenserwartung:** 10 Jahre, manchmal mehr | **Nahrung:** Insekten und andere kleine Tiere

Zungen sind wichtig zum Schmecken und Trinken, Menschen brauchen sie auch zum Sprechen. Viele Tiere nutzen sie aber vor allem beim Fressen.

Salamander, Ameisenbären und manche Frösche und Schildkröten fangen mit ihren Zungen Beute. Der Superstar unter ihnen ist das Chamäleon, das es in dieser Disziplin zur Meisterschaft gebracht hat.

Chamäleons sind Echsen. Es gibt 200 verschiedene Arten, von denen die meisten auf Madagaskar leben, einer großen Insel vor der Ostküste Afrikas. Ihre extrem guten Augen helfen ihnen bei der Jagd auf Insekten. Die Augen sitzen seitlich am Kopf und können sich einzeln bewegen. Dadurch haben Chamäleons einen Rundumblick und können zwei verschiedene Objekte gleichzeitig beobachten. Wenn ein Chamäleon seine Beute erspäht hat, visiert es sie mit beiden Augen an. Sobald die Beute nah genug ist, geht es ganz schnell. Zack! Die Zunge schießt heraus, und ehe sich das Opfer versieht, wird es in das Maul des Chamäleons gezogen, wo es gewöhnlich kurz gekaut und dann heruntergeschluckt wird.

Manche Chamäleons haben Zungen, die zweieinhalbmal so lang sind wie sie selbst.

DER LANG-UND-KLEBRIG-PREIS GEHT AN DAS CHAMÄLEON.

Die Chamäleonzunge kann beim Herausschnellen eine Geschwindigkeit von bis zu 5 Metern pro Sekunde erreichen.

Das breite, flache Ende der Chamäleonzunge funktioniert so ähnlich wie ein Saugnapf. Plopp – und die Beute sitzt fest!

Große Chamäleons können mit ihrer Zunge kleine Vögel, andere Echsen und sogar kleine Säugetiere erbeuten.

Obwohl Chamäleons für Menschen ungefährlich sind, fürchten sich viele vor ihnen. Sie glauben, dass die Tiere magische Kräfte haben.

Das größte Chamäleon ist das Riesenchamäleon.
Es ist etwa so groß wie eine kleine Katze.

Die kleinste Chamäleonart heißt Brookesia micra. Diese
Chamäleons sind inklusive Schwanz nicht einmal 3 Zentimeter groß.

Viele Chamäleons können ihre Farbe ändern. Manchmal tun sie das, um sich zu tarnen,
aber meist zeigen sie damit anderen Chamäleons, ob sie gerade paarungs- oder kampfbereit sind.

DIE FERNWEH-PREISE

Viele Tiere verbringen ihr Leben in kleinen, begrenzten Gebieten, andere reisen im Frühjahr und Herbst durch die Weltgeschichte. Man spricht von Wanderungen. Die Tiere ziehen in Gebiete mit günstigerem Klima, um zu brüten, Partner oder Futter zu suchen. Manche verbringen auch einen Teil ihres Lebens am selben Ort und ziehen erst Jahre später weiter. Viele Tiere wandern jedes Jahr, andere nur einmal im Leben.

DIE KÜSTENSEESCHWALBE *Sterna paradisaea*
Der Weitflug-Preis

Klasse: Vögel | **Lebensraum:** nördliche und südliche Polar- und Küstengebiete | **Lebenserwartung:** 35 Jahre oder mehr | **Nahrung:** kleine Fische

Die Küstenseeschwalbe ist ein Seevogel, der hauptsächlich am nördlichen Polarkreis sowie an den Küsten Nordeuropas und Nordamerikas brütet. Wenn es auf der Nordhalbkugel Winter wird, fliegt die Seeschwalbe zur Überwinterung den ganzen Weg in die Antarktis. Sie reist dabei nicht auf der direkten Route: Bei manchen Seeschwalben wurden Flugstrecken von 90 000 Kilometern hin und zurück gemessen – das ist mehr als zweimal rund um die Erde!

DER EUROPÄISCHE AAL *Anguilla anguilla*
Der Langstreckenschwimmer-Preis

Klasse: Knochenfische | **Lebensraum:** Europa, Kleinasien und Nordafrika | **Lebenserwartung:** 50 bis 80 Jahre | **Nahrung:** vorwiegend Würmer, Kleinkrebse, Insektenlarven, teils auch Fische

Aale sind langgestreckte Fische, die im Süßwasser und an den Küsten Europas, Kleinasiens und Nordafrikas zu Hause sind. Zur Fortpflanzung schwimmen sie in hohem Tempo unglaubliche 7000 Kilometer über den Atlantik bis in die Sargassosee. Sobald die winzigen durchsichtigen Jungen geschlüpft sind, machen sie sich auf den langen Weg zurück. Währenddessen ändern sie ihr Äußeres: Wenn sie die Küste erreichen, sehen sie aal-artiger aus, sind aber noch halbdurchsichtig und werden daher Glasaale genannt.

DER BLAUWAL *Balaenoptera musculus*
Der Ferngesprächs-Preis

Klasse: Säugetiere | **Lebensraum:** polare und gemäßigte Breiten aller Weltmeere |
Lebenserwartung: 80 Jahre oder mehr | **Nahrung:** Plankton, Krill, Kleinstkrebse

Blauwale sind die schwersten bekannten Tiere der Erdgeschichte. Je nach Jahreszeit wandern sie zwischen polaren und gemäßigten Breiten hin und her. Dabei können sie über weite Entfernungen hinweg miteinander kommunizieren. Sie geben sehr laute, tiefe Geräusche von sich, so tief, dass Menschen sie nicht hören können. Früher konnten manche Blauwale diese Geräusche 1600 Kilometer weit wahrnehmen. Man geht aber davon aus, dass die Entfernung, über die sich Wale hören, dramatisch gesunken ist, weil von Menschen gemachte Geräusche inzwischen die Wal-Signale übertönen: Schiffe zum Beispiel oder Radarsignale von U-Booten. Was die Wale sich mitteilen, bleibt ihr Geheimnis – möglicherweise locken damit männliche Exemplare potenzielle Partnerinnen an.

DAS RENTIER *Rangifer tarandus*
Der Dauerläufer-Preis

Klasse: Säugetiere | **Lebensraum:** Nordamerika, Europa, Asien | **Lebenserwartung:** bis zu 17 Jahre | **Nahrung:** Flechten, Moose und andere niedrigwüchsige Pflanzen

Die meisten Langstrecken-Tiere fliegen oder schwimmen, da es in der Luft und im Meer weniger Hindernisse gibt als an Land. Aber auch zu Lande gibt es Ausdauerwanderer, zum Beispiel das Ren, auch Rentier genannt. Seine amerikanischen Vertreter, die Karibus, leben in Alaska und Kanada. Die Winter verbringen sie in geschützten Gebirgstälern. Sobald aber der Schnee im Frühjahr zu schmelzen beginnt, begeben sich Hunderttausende Karibus auf eine 2400 Kilometer lange Wanderung Richtung Norden an die Küste, wo die Karibukühe Kälber gebären. Für den Weg brauchen sie 10 Wochen.

DIE FLEDERMAUS

Klasse: Säugetiere | **Lebensraum:** fast überall, außer in der Antarktis | **Lebenserwartung:** bis zu 40 Jahre | **Nahrung:** meist fliegende Insekten, aber auch Früchte, Blüten und Tierblut

Die meisten Flugtiere brauchen Licht, um sich zurechtzufinden. Sind sie nachts unterwegs, orientieren sich viele an den Sternen oder dem Mond. Fledermäuse haben das nicht nötig, sie fühlen sich im Stockdunkeln pudelwohl.

Sie brauchen nämlich nicht ihre Augen, um zu wissen, wo es langgeht. Stattdessen haben sie ihr Gehör perfektioniert. Es ist das reinste Navigationsgerät – und nutzt dazu den Ultraschall, man spricht auch von Echoortung.

Fledermäuse haben ein extrem gutes Gehör und können außerdem Rufe in sehr hoher, für Menschen nicht wahrnembarer Frequenz ausstoßen, die sie im Kehlkopf bilden. Wenn sie im Dunkeln fliegen, erzeugen die Fledermäuse permanent solche Rufe. Treffen die Schallwellen auf ein Objekt, prallen sie davon ab und werden als Echo zurückgeworfen. Die Fledermaus hört dieses Echo. So kann sie sich ein Bild davon machen, wo sie ist und was sich in der Nähe befindet. Und sie vermeidet, in der Nacht gegen Hindernisse zu fliegen. Auch an Futter gelangt sie auf diese Weise. Die meisten Fledermäuse fressen Insekten, die nachts unterwegs sind. Mithilfe des Ultraschalls spüren sie die Beute auf.

DER BLIND-FLUG-PREIS

Fledermäuse nutzen Ultraschall, um nachts ohne Zusammenstöße zu fliegen und um leckere Snacks aufzuspüren.

DER BLINDFLUG-PREIS GEHT AN DIE FLEDERMAUS.

Die größte Fledermauskolonie besteht aus 20 Millionen Mexikanischen Bulldoggfledermäusen in einer texanischen Höhle. Ohne Echoortung würden die ständig gegeneinanderkrachen!

Mexikanische Bulldoggfledermäuse sind außerdem ziemlich fix. Sie erreichen eine Fluggeschwindigkeit von 160 km/h.

Die kleinste Fledermaus der Welt ist die Schweinsnasenfledermaus aus Thailand. Sie wiegt nur 2 Gramm und ist 3 Zentimeter groß. Sie konkurriert mit der Etruskerspitzmaus um den Kleinstes-Säugetier-der-Welt-Preis.

Dass Fledermäuse schlechte Augen haben, ist ein Trugschluss – sie sehen sogar für Menschen nicht sichtbare UV-Farben.

Vampirfledermäuse sind bekannt dafür, dass sie sich nachts auf die Jagd nach Blut begeben. Meist laben sie sich an Kühen, Pferden oder Ziegen. Außer der Echoortung helfen ihnen dabei auch Wärme-Sensoren an ihrer Nase, die sie zu warmem Blut führen.

Die meisten der rund 1100 Fledertierarten sind klein und fressen Insekten. Die größten aber, die Flughunde, mögen am liebsten Früchte. Vielen Flughunden fehlt der praktische Ultraschall-Sinn der kleineren Verwandten.

Viele Fledermäuse fressen gern Motten, aber weil Motten ebenfalls sehr gut hören, können diese vor ihnen fliehen. Manche sind so raffiniert, dass sie Töne abgeben, die die Echoortung der Fledermäuse stören. Die Mopsfledermaus hat darum einen Trick entwickelt: Sie „flüstert", sodass die Motten sie erst bemerken, wenn es zu spät ist.

Auch einige andere Tiere nutzen Echoortung, zum Beispiel Spitzmäuse, verschiedene Seglervögel, der Fettschwalm (ein nachtaktiver Vogel), Tenreks und einige Wale.

DER SKUNK

Klasse: Säugetiere | **Lebensraum:** Nord- und Südamerika und Südostasien | **Lebenserwartung:** bis zu 10 Jahre | **Nahrung:** vorwiegend Würmer, Insekten, Nager und andere kleine Tiere

Es gibt viele verschiedene Skunk-Arten – und alle von ihnen stinken fürchterlich.

Na ja, das ist jetzt vielleicht etwas übertrieben. Den Großteil der Zeit riechen Skunks gar nicht so schlecht. Doch sie alle sind in der Lage, Gestank zu produzieren, daher nennt man sie auch Stinktiere. Am Schwanz-Ansatz hat der Skunk zwei Drüsen, die mit einer blass-gelben Flüssigkeit gefüllt sind. Wenn er sich von einem anderen Tier bedroht fühlt, etwa von einem hungrigen Bären oder Wolf, dreht sich der Skunk um, hebt den Schwanz und spritzt zwei saftige Ladungen Stinkspray auf den Angreifer. Skunks können sehr gut zielen und 3 oder mehr Meter weit spritzen. Die Flüssigkeit stinkt entsetzlich und verursacht zudem Schmerzen und vorübergehende Blindheit, wenn das Gegenüber sie in die Augen kriegt. Meist ist der potenzielle Feind lang genug außer Gefecht gesetzt, dass der Skunk fliehen kann. Da der Geruch einige Tage im Fell kleben bleibt, hat der Angreifer ein längeres Andenken – und zudem Probleme bei der Jagd, denn seine Opfer riechen ihn 10 Meilen gegen den Wind.

Natürlich ist den meisten Tieren schon nach wenigen Begegnungen mit einem Skunk klar, dass man sich von ihnen besser fernhält. Die weiß-schwarze Färbung des Skunks wirkt wie ein Stopp-Schild. Vor allem nachts ist das auffällige Muster gut zu sehen, wenn Skunks meist aktiv sind.

DER STINK-STIEFEL-PREIS

Der Skunk bespritzt jeden, der ihm zu nahe kommt, mit einer faulig riechenden Flüssigkeit.

DER STINKSTIEFEL-PREIS GEHT AN DEN SKUNK.

Skunks haben genügend Vorrat an Stinkspray für 4 bis 5 Angriffe, danach dauert es etwa 10 Tage, bis diese Menge wieder aufgebaut ist.

Früher dachten die Leute, dass der Skunk-Gestank verschwindet, wenn man in Tomatensaft badet. Tatsächlich aber braucht man sehr starke chemische Reinigungsmittel.

Schon mit 8 Tagen können Baby-Skunks losstinken. Allerdings zielen sie dann noch nicht gut, denn ihre Augen öffnen sich erst nach 24 Tagen.

Der Virginia-Uhu stürzt sich von oben auf Skunks herab, um sie zu packen, bevor sie ihre Ladung abfeuern können.

Skunks haben nicht nur ein auffälliges Muster, sie warnen andere Raubtiere auch, indem sie mit den Füßen stampfen und fauchen. Der Fleckenskunk hat sogar eine ganz besondere Warntechnik: Er stellt sich auf die Vorderpfoten und tanzt herum, wobei er seinen buschigen Schwanz aufspreizt und dem Angreifer sein Hinterteil präsentiert.

Die meisten Skunks leben in Amerika, zwei Arten aber sind in Asien zu Hause: Der Sunda-Stinkdachs, der von allen Arten am schlimmsten stinkt, und der Palawan-Stinkdachs mit seiner auffälligen Strähne.

Palawan-Stinkdachse wehren sich allerdings gar nicht so oft mit ihrer Stinkdrüse, sondern stellen sich bei Gefahr einfach tot.

DER TIGER

Klasse: Säugetiere | **Lebensraum:** Asien | **Lebenserwartung:** bis zu 15 Jahre in freier Wildbahn, meist kürzer | **Nahrung:** Wildschweine, Hirsche und andere Säugetiere

Tiger sind die größten Katzen.

Wie alle Katzen sind Tiger Raubtiere, und wenn sie nicht jagen, schlafen sie am liebsten. Sie gehören zu den gefährdetsten Großtieren überhaupt. Dafür gibt es einen einfachen Grund: In den Regionen, in denen Tiger normalerweise leben, gibt es heute sehr viele Menschen, und Tiger und Menschen vertragen sich nicht. Große Teile des Lebensraums von Tigern wurden für die Landwirtschaft gerodet oder zum Bau von Häusern. Tiger brauchen zudem viel Nahrung, zum Beispiel Hirsche, Antilopen und Wildschweine, aber auch die werden immer seltener, weil ihnen der Raum zum Leben fehlt. Wenn es zu wenige Beutetiere gibt, beginnen Tiger Gänse, Rinder und andere Haustiere zu fressen, manchmal greifen sie auch Menschen an. Das gefällt den Einheimischen natürlich gar nicht. Und Tiger leben auch aus anderen Gründen gefährlich: Ihr Fell ist eine begehrte Jagdtrophäe und Knochen und andere Körperteile werden in der traditionellen Chinesischen Medizin verwendet.

Obwohl Tiger mittlerweile in allen Ländern, in denen sie in freier Wildbahn leben, gesetzlich geschützt sind, und der Verkauf von Tiger-Produkten durch das Washingtoner Artenschutzübereinkommen verboten ist, wird vielerorts noch illegal gewildert und geschmuggelt, sodass es heute nur noch sehr wenige Tiger gibt.

(FAST) DER LETZTE-SEINER-ART-PREIS

Tiger sind hervorragende Jäger, leider aber werden sie selbst ebenfalls gejagt – und zwar von Menschen. Daher sind sie inzwischen selten geworden.

DER (FAST-)LETZTE-SEINER-ART-PREIS GEHT AN DEN TIGER.

Früher waren Tiger in ganz Asien verbreitet, vom Kaukasus im Westen bis nach China im Osten. Heute kommen sie nur noch in wenigen Regionen vor.

Die Hälfte aller Tiger der Welt lebt heute in Indien, wahrscheinlich zwischen 1700 und 2300.

Tiger jagen mittelgroße Beute, greifen aber manchmal auch Tiere an, die größer sind als sie selbst, wie Nashörner oder Elefanten.

Tiger lauern ihrer Beute meist im Hinterhalt auf. Sie liegen da und machen auf einmal einen Satz.

Für den (Fast-)Letzten-seiner-Art-Preis gibt es (leider) sehr viele Anwärter unter den Raubtieren:

Borneo-Goldkatze

Darwin-Fuchs

Rotwolf

Afrikanischer Wildhund

Pardelluchs

In Regionen mit viel Nahrung wie in Nordindien bewegt sich ein Tiger in einem Gebiet von vielleicht 20 Quadratkilometern. Im eisigen russischen Osten können es hingegen über 400 Quadratkilometer sein. Meist sind Tiger Einzelgänger, manchmal teilen sich aber auch zwei Tiere ihre Beute.

Tiger leben meist in Waldgebieten, die ihnen genügend Schutz zum Jagen bieten. Anders als andere Katzen schwimmen sie gern und kühlen sich in der Mittagshitze im Wasser ab.

DER ZITTERAAL

Klasse: Knochenfische | **Lebensraum:** Südamerika | **Lebenserwartung:** 10 bis 15 Jahre |
Nahrung: andere Fische, Frösche, Krebstiere, Wasserinsekten

Bei Elektrizität denken wir gewöhnlich an Steckdosen, Akkus und Gewitter, nicht aber an Tiere.

Doch Elektrizität ist für alle Lebewesen etwas Notwendiges. Die Nervensysteme und Muskeln von Mensch und Tier werden beispielsweise durch elektrische Impulse gesteuert. Diese Impulse erzeugen schwache elektrische Felder. Manche Tiere können diese Felder spüren und auf diese Weise Beute finden oder Angreifern ausweichen. Andere haben besondere Organe, die elektrische Felder produzieren, um untereinander zu kommunizieren und sich zu orientieren. Und einige Arten gehen sogar noch einen Schritt weiter und nutzen die Elektrizität als Waffe! So zum Beispiel der Zitteraal, der eigentlich gar kein Aal ist, sondern nur so aussieht.

Der große Süßwasserfisch produziert zwei verschiedene Arten von elektrischen Feldern: ein schwaches mit geringer Voltzahl, über das er kommuniziert und sich orientiert, und ein starkes (mit teils über 800 Volt), mit dem das Mittagessen gefangen wird. Wenn ein Zitteraal mit seinem schwachen Feld etwas Essbares aufspürt, nähert er sich der Beute und gibt eine Reihe sehr kurzer starker elektrischer Impulse ab, mit denen er sie betäubt. Dann kann er die Beute in Ruhe verspeisen.

DER HOCH-SPANNUNGS-PREIS

Der südamerikanische Zitteraal ist ein stets aufgeladener, 2 Meter langer Elektroschocker!

DER HOCHSPANNUNGS-PREIS GEHT AN DEN ZITTERAAL.

Anders als andere Fische schnappt der Zitteraal alle 15 Minuten Luft an der Wasseroberfläche. Würde er nur unter Wasser bleiben, würde er ertrinken.

Ein Zitteraal kann zwar für einen heftigen elektrischen Schock sorgen, für Menschen ist der aber in der Regel ungefährlich.

Die Elektrizität erzeugenden Organe sind über den gesamten Körper des Zitteraals verteilt.

Ein männlicher Zitteraal baut ein Schaumnest aus Speichel, in das das Weibchen bis zu 3000 Eier legt. Der Papa kümmert sich um die Eier, bis die Kleinen schlüpfen.

Wenn ein Zitteraal von einem anderen Tier bedroht wird, greift er an. Er presst sein Kinn gegen den Körper des Gegners und verpasst ihm einen Elektroschock. Über Wasser tut das sogar noch mehr weh als unter Wasser.

Auch einige wenige an Land lebende Tiere setzen Elektrizität ein. Der Langschnabeligel aus Neuguinea hat über 2000 Elektrorezeptoren an seiner Schnauze, mit deren Hilfe er Regenwürmer in feuchtem Boden oder in Laubhaufen aufspürt.

Zitterrochen

Himmelsgucker

Zitterwels

Diese Fische geben alle Elektroschocks ab, die Beute betäuben oder Angreifer vertreiben können. Keiner aber ist so aufgeladen wie der Zitteraal.

DER GROSSE PANDA

Klasse: Säugetiere | **Lebensraum:** China | **Lebenserwartung:** in freier Wildbahn 20 Jahre | **Nahrung:** Bambus

Große Pandas fressen nur eine einzige Sache: Bambus. Und davon jede Menge, nämlich 12 Kilo am Tag.

Sie gehören zu den Bären, und ihre engsten Verwandten sind entweder Fleischfresser wie die Eisbären oder Allesfresser. Der Panda aber ist beim Fressen besonders wählerisch, obwohl sein Verdauungssystem dem der anderen Bären ähnelt und für eine reine Bambus-Diät eigentlich nicht geeignet zu sein scheint. Zumal Bambus sehr nährstoffarm ist, wenige Proteine und viele unverdauliche Fasern enthält. Um richtig satt zu werden, müssen Pandas also sehr viel davon fressen.

Sich auf eine so ungewöhnliche Nahrungsquelle zu spezialisieren, hat aber auch Vorteile. In China wächst außerordentlich viel Bambus, sodass die Großen Pandas dort genug zu fressen haben. Weil er hart und wenig nahrhaft ist, machen den Pandas auch keine anderen Tiere das Futter streitig.

Und da in den Regionen Chinas, in denen der Große Panda lebt, verschiedene Bambus-Arten wachsen, hat er sogar ein klein wenig Abwechslung.

DER SCHMAL-KOST-PREIS

Im Leben des Großen Pandas dreht sich alles um sein Lieblingsessen, den Bambus.

DER SCHMALKOST-PREIS GEHT AN DEN PANDA.

Große Pandas fressen bis zu 14 Stunden am Tag.

Wenn man bedenkt, was sie so alles in sich reinstopfen, wundert es nicht, dass sie bis zu 100-mal am Tag aufs Klo müssen!

Große Pandas futtern in freier Wildbahn so gut wie nichts anderes als Bambus. In Gefangenschaft genehmigen sie sich auch gelegentlich Obst, Eier, Honig, Reis oder Fisch.

Der Große Panda ist selten, vor allem, weil viele der Wälder, in denen er früher lebte, inzwischen abgeholzt wurden. Durch Schutzprojekte leben derzeit wieder 1800 Große Pandas in freier Wildbahn, vor 30 Jahren waren es nur 1500.

Große Pandas sind ideal dafür ausgestattet, große Mengen Bambus zu fressen. Sie haben gute Zähne und starke Kiefermuskeln, um die Fasern zu kauen. An ihren Vorderpfoten haben sie außerdem einen verlängerten Handwurzelknochen, der eine Art Daumen bildet. Damit können sie den Bambus gut halten.

Die Babys der Großen Pandas sind winzig und wiegen bei der Geburt nur 100 Gramm. Mit 6 Monaten beginnen sie, Bambus zu fressen.

Noch mehr wählerische Esser: Die Raupe des Monarchfalters frisst nur Seidenpflanzen, die afrikanische Eierschlange nur Eier, Numbats fressen nur Termiten, der Südliche Großflugbeutler mag nur die Knospen des Eukalyptusbaums.

41

Manche Tiere leben allein und stehen anderen Tieren feindlich gegenüber, oft sogar den Vertretern der eigenen Art. Andere sind geselliger und leben in Gruppen, in denen sie gemeinsam Nahrung suchen und sich gegenseitig vor Angreifern schützen. Es kommt auch vor, dass zwei völlig verschiedene Tierarten als Team zusammenarbeiten.

DIE HONIGBIENE *Apis mellifera*
Der Viel-beschäftigt-Preis

Klasse: Insekten | **Lebensraum:** fast überall, außer in der Antarktis | **Lebenserwartung:** Königin: 8 Jahre, Arbeiterinnen: nur einige Monate | **Nahrung:** Pollen und Nektar von Blütenpflanzen

Honigbienen leben in Staaten, in denen jeweils nur ein einziges Weibchen für Nachwuchs sorgt: die Königin. In jedem Bienenstock gibt es einige Männchen, die sogenannten Drohnen, und bis zu 30 000 Arbeiterinnen. Diese bewachen den Bienenstock und bauen Waben aus Wachs für die Eier der Königin. Sie sammeln auch Pollen und Nektar aus Blütenpflanzen und stellen nahrhaften Honig daraus her. Den Honig nutzen sie als Futter für den Winter und für die heranwachsenden Bienenlarven. Ein Bienenstock kann in einem Sommer 40 Kilo Honig herstellen. Dafür sind 1 Milliarde Besuche auf Blüten notwendig, wobei die Bienen bis 3 Kilometer Flugstrecke zurücklegen.

DER NACKTMULL *Heterocephalus glaber*
Der Alternative-Wohngemeinschafts-Preis

Klasse: Säugetiere | **Lebensraum:** Ostafrika | **Lebenserwartung:** 30 Jahre | **Nahrung:** vor allem faserige Pflanzenknollen

Nacktmulle sind verblüffende Wesen, auch wenn man über ihr Aussehen streiten kann. Sie sind extrem widerstandsfähig und werden für ihre Größe vergleichsweise alt. Nacktmulle leben unter der Erde in Kolonien mit bis zu 300 Tieren. Nur ein Weibchen, die Königin, und wenige Männchen der Kolonie paaren sich und bekommen Nachwuchs. Die anderen helfen bei der Aufzucht der Jungen.

DER WOLF *Canis lupus*
Der Gemeinsam-sind-wir-stark-Preis

Klasse: Säugetiere | **Lebensraum:** Nordamerika, Europa und Asien | **Lebenserwartung:** bis zu 20 Jahre | **Nahrung:** meist mittelgroße und große Tiere wie Feldhasen, Wildschweine und Hirsche

Wölfe leben in Familienverbänden, den Rudeln, die aus einem Wolfspaar und seinen Jungen bestehen. Die Gruppe lebt und jagt zusammen. Da sie im Rudel arbeiten, können Wölfe große kräftige Tiere wie Bisons, Hirsche und Moschusochsen überwältigen. Sie alleine anzugreifen, wäre zu gefährlich. Mit dem nächtlichen Geheul festigen die Wölfe ihre Zugehörigkeit zum Rudel.

DER ANEMONENFISCH *(Amphiprion)* und DIE SEEANEMONE *(Stichodactylidae u. a.)*
Der Ungleiches-Paar-Preis

Klassen: Anemonenfisch: Knochenfische; Seeanemone: Blumentier | **Lebensräume:** Indischer und Pazifischer Ozean | **Lebenserwartungen:** Anemonenfisch: 30 Jahre oder mehr; Seeanemone: mindestens 80 Jahre, vermutlich mehr | **Nahrung:** Anemonenfisch: Krebstierechen; Seeanemone: Zucker von Algen, die auf ihr wachsen

Seeanemonen haben Nesselzellen, sogenannte Cnidocyten, mit deren Hilfe sie Beute fangen und sich selbst verteidigen. Doch gegen einige Feinde wie den Falterfisch hilft das leider nicht. Auch die bunt gefärbten Anemonen- oder Clownfische sind immun gegen die Nesselzellen. Doch statt sie zu fressen, leben diese Fische zwischen den Tentakeln der Seeanemone. Sie verjagen die Feinde der Seeanemone und werden im Gegenzug von ihr vor ihren eigenen Feinden geschützt.

DER BIBER

Klasse: Säugetiere | **Lebensraum:** Nordamerika, Europa und Asien | **Lebenserwartung:** 5 bis 10 Jahre | **Nahrung:** Zweige und Rinde von Laubbäumen, Kräuter, Wasserpflanzen

Biber sind besonders gut im Kaputt-beißen. Sie haben nämlich unglaublich starke Zähne.

Die meisten Säugetiere, auch wir Menschen, haben zwei Arten von Zähnen: Die ersten sind die Milchzähne. Sie fallen aus, wenn man älter wird, und werden von den zweiten ersetzt. Wenn die Zähne kaputtgehen, zum Beispiel weil man auf etwas Hartes gebissen hat, kann die Natur sie nicht ersetzen oder reparieren.

Bei Bibern ist das anders: Die haben zwar auch ein Milchgebiss, doch das umfasst nur die Backenzähne. Die Nagezähne vorne aber fallen nie aus und wachsen das ganze Leben lang. Das bedeutet, dass Biber problemlos harte Materialien nagen können, weil die Zähne immer nachwachsen und so ständig einsatzbereit sind. Die Nagezähne sind lang und wie Meißel geformt, mit flachen, scharfen Enden, und sie schärfen sich von selbst. Auf der Vorderseite der Nagezähne befindet sich eine ultraharte orange-gelbe Schicht. Weil sie härter ist als die restliche weiße Zahnsubstanz, bildet der orange-gelbe Belag immer eine scharfe Kante – perfekt zum Nagen.

Biber sind die reinsten Landschaftsgärtner, mithilfe ihrer Zähne verändern sie ihre Umwelt so, wie es ihnen passt. Oft fällen sie ganze Bäume. Ohne ihre fantastischen Zähne wäre das undenkbar!

Biberzähne sehen orange aus, weil sie auf der Vorderseite mit einer eisenhaltigen Schicht überzogen sind, die sie superstark macht.

DER SÄBELZAHN-PREIS

DER SÄBELZAHN-PREIS GEHT AN DEN BIBER.

Die Nagezähne des Bibers wachsen etwa 1 Millimeter pro Tag – damit sie nicht zu lang werden, muss er ganz schön viel kauen!

Ein Biber kann sich in weniger als einer halben Stunde durch einen 15 Zentimeter dicken Baumstamm nagen!

In den Nagezähnen des Bibers steckt jede Menge Eisen. Es macht sie stark und widerstandsfähig – und orange!

Aus den Stämmen, die sie fällen, können Biber große Bauten errichten. Der größte bekannte Biberdamm ist 850 Meter lang.

Biber sind dafür bekannt, dass sie Baumstämme von über 1 Meter Dicke durchnagen können. Manchmal nagt eine ganze Biber-Familie über einen längeren Zeitraum an solch einem Baum.

Im Herbst lagert die Biberfamilie Äste am Eingang zu ihrem Bau. Die Tiere verbringen den ganzen Winter in diesem Bau und machen nur kurze Unterwasserausflüge zu ihren Vorräten.

Damit der Eingang zu ihrer Biberburg stets unter dem Wasserspiegel und somit vor Feinden geschützt ist, legen Biber Dämme an. Sie stauen so Bäche, Flüsse und Teiche. Für die Dämme und den Bau verwenden sie neben Stämmen und Ästen auch Matsch, Steine, Rinde und Laub. Sie stopfen damit alle Ritzen, damit die Bauten so wasserdicht wie möglich werden.

DIE SPINNE

Klasse: Spinnentiere | **Lebensraum:** fast überall, außer in der Antarktis | **Lebenserwartung:** manchmal über 20 Jahre | **Nahrung:** hauptsächlich Insekten, aber auch andere kleine Tiere

Verschiedene Tiere stellen Seide her, aber keines ist darin so gut wie die Spinne. 45 000 Arten von Spinnen sind bekannt, die meisten von ihnen produzieren Seide.

Spinnen erstellen die Seide in speziellen Organen, den Spinnwarzen. Die Seide kommt zuerst als Flüssigkeit aus der Warze und härtet an der Luft zu einem Faden aus. Die Spinne zieht diesen mithilfe ihrer Beine lang.

Die meisten Spinnen können verschiedene Arten von Seide herstellen, klebrige und weniger klebrige. Sie nutzen die Fäden für unterschiedliche Zwecke. Manche bauen daraus ihre Wohnröhren, andere wickeln ihre Eier darin ein. Viele nutzen die Spinnfäden als Bungee-Seile oder Fallschirme, um durch die Luft zu fliegen. Manche fangen mit den Netzen Insekten für das Abendessen. Diese Spinnen verwenden zwei Arten von Fäden: einen starken, nichtklebrigen für den äußeren Bereich ihres Netzes und die Hauptfäden und einen sehr klebrigen, dehnbaren, in dem sich die Beute verfängt.

Spinnenseide ist fünfmal stabiler als ein gleichdicker Stahlfaden.

DER HANDARBEITS-PREIS GEHT AN DIE SPINNE.

Vogelspinnen produzieren klebrige Fäden in ihren Fußsohlen, wodurch sie guten Halt haben, wenn sie auf rutschigen Oberflächen unterwegs sind.

Das älteste noch erhaltene Spinnennetz der Welt steckt in einem Bernstein. Es ist 99 Millionen Jahre alt. Durch Fossilien wissen wir, dass Spinnen ihre Netze sogar schon 300 Millionen Jahre vorher webten!

Spinnennetze verlieren schnell an Klebrigkeit. Die Spinnen ersetzen daher häufig einzelne Teile oder das ganze Netz, manchmal sogar täglich. Oft fressen sie das alte Netz auf oder es bleibt als Müll zurück.

Die Webspinne aus Madagaskar produziert das stärkste Material der Natur. Damit stellt sie riesige Netze her – manche haben einen Durchmesser von bis zu 3 Metern und überspannen Flüsse und Teiche.

Die Wasserspinne lebt in einer Art Tauchglocke aus Seide, die sie an Wasserpflanzen befestigt. Sie „fängt" sich regelmäßig Luftbläschen von der Wasseroberfläche und transportiert sie nach unten. So kann sie unter Wasser atmen.

Spinnenseide ist reißfester als Stahl, weil sie fest und zugleich dehnbar ist. Trotzdem ist sie so leicht und fein, dass ein Faden, der die ganze Erde umspannen würde, nur 500 Gramm schwer wäre.

Bolaspinnen spinnen einen einzelnen Faden, an dessen Ende sich eine Art Beutel mit einem Duftstoff befindet. Dieser Stoff zieht Motten magisch an. Nähert sich eine Motte, schwingt die Spinne ihren klebrigen Faden wie ein Lasso und fängt das Insekt damit ein.

DAS KÄNGURU

Klasse: Säugetiere | **Lebensraum:** Australien und Neuguinea | **Lebenserwartung:** bis zu 25 Jahre | **Nahrung:** Gräser und Blätter

Viele Tiere können springen: Flöhe, Grashüpfer, Frösche, Springböcke. Aber kein Tier hüpft so gut wie das Känguru.

Es kann weite Strecken mit einem einzigen Sprung überwinden, ist sehr schnell und legt viele Kilometer hüpfend zurück, ohne Pause zu machen. Die meisten anderen Tiere, sogar Frösche und Flöhe, die sich durch Sprünge fortbewegen, können nur ein paarmal am Stück hüpfen. Dass Kängurus so gute Springer sind, hängt mit ihrem Körperbau zusammen. In ihren Hinterbeinen haben sie gummiartige sehr elastische Sehnen, die Achillessehnen. Landet das Känguru, werden diese Sehnen gespannt. Sie speichern so die Energie aus dem vorangegangenen Sprung. Setzt das Tier zum nächsten Hüpfer an, katapultieren die Sehnen es wie eine Sprungfeder vorwärts. Kängurus müssen sich daher beim Springen kaum anstrengen.

Doch es sind nicht allein die Sehnen, die Kängurus zu Sprung-Champions machen, sie haben auch sehr starke Muskeln an den Hinterbeinen und einen langen Schwanz, mit dem sie balancieren.

Kein anders Tier kann so gut hüpfen wie das Känguru.

DER HINKE-PINKE-PREIS GEHT AN DAS KÄNGURU.

Ein Rotes Riesenkänguru kann 9 Meter weit und 3 Meter hoch springen.

Kängurus können bis zu 65 km/h schnell springen, meist aber sind sie mit 25 km/h unterwegs.

Kängurus sind sehr effektive Springer, sie brauchen nur wenig Energie, um voranzukommen.

Beim Springen sind Kängurus ziemlich akrobatisch: Sie können sich bei einem Hopser um 180 Grad drehen.

Manche Kängurus leben in Bäumen. Sie können gut klettern und springen von Ast zu Ast. Mit ihrem langen Schwanz halten sie dabei das Gleichgewicht. Am Boden sind sie dagegen eher langsam und ungeschickt.

Wenn ein Känguru geht, benutzt es nicht vier, sondern fünf Gliedmaßen! Sein muskulöser Schwanz ist sozusagen sein fünftes Bein, das das Känguru bei jedem Schritt ein Stück vorwärtsschiebt.

Kängurus gehören zu einer Unterklasse der Säugetiere, den Beuteltieren. Bei der Geburt sind Baby-Kängurus nur wenige Zentimeter groß. Sie krabbeln allein in den Beutel der Mutter und saugen sich an ihrer Zitze fest. Bis sie groß genug sind, selbst herumzuspringen, verbringen sie mehrere Monate im Beutel.

DIE GIRAFFE

Klasse: Säugetiere | **Lebensraum:** Afrika | **Lebenserwartung:** in freier Wildbahn 25 Jahre | **Nahrung:** vor allem Blätter und Triebe von Akazien

Groß zu sein wie ein Haus: Das klingt unbequem. Aber natürlich hat es auch seine Vorteile, und elegant ist die Giraffe allemal.

Sie hat lange Beine, einen relativ kompakten Rumpf und einen unfassbar langen Hals. Mit ihren dunklen, langen Wimpern und dem hübsch gemusterten Fell könnte sie glatt als Fotomodel durchgehen.

Auch in ihren Bewegungen wirken Giraffen sehr elegant, nicht zuletzt durch ihren leichtfüßigen schwingenden Gang. Für einen Vierbeiner ungewöhnlich, laufen sie im Pass, das heißt, sie heben jeweils gleichzeitig die beiden linken oder die beiden rechten Beine. Die meisten Vierbeiner bewegen die gegenüberliegenden Beine zur selben Zeit, um das Gleichgewicht besser halten zu können. Doch bei Giraffen mit ihren langen Beinen würde bei dieser Gangart die Gefahr bestehen, dass sich die Beine verheddern. Wenn sie rennen, spreizen Giraffen die Hinterbeine etwas ab, damit sie nicht den Vorderbeinen in die Quere kommen.

Selbst Giraffenkämpfe sehen erstaunlich graziös aus. Wenn die Giraffenbullen kämpfen, nutzen sie dafür ihre Hälse. Sie werfen abwechselnd den Hals zurück und schleudern ihn dann auf den Gegner, bis einer der beiden zurückweicht.

DER TOPMODEL-PREIS

Trotz des langen Halses und der langen Beine, ist der Rumpf der Giraffe relativ klein.

DER TOPMODEL-PREIS GEHT AN DIE GIRAFFE.

Giraffen erreichen eine Schulterhöhe von bis zu 3,70 Metern, ähnlich wie Afrikanische Elefanten. Insgesamt werden Giraffen sogar 6 Meter groß.

Durch den langen Hals und die langen Beine können Giraffen Triebe erreichen, die hoch oben in den Bäumen wachsen.

Männliche Giraffen sind größer als weibliche und haben einen kräftigeren Hals – das ist bei den Kämpfen von Vorteil.

Jede Giraffe hat ihr eigenes Fellmuster. Das ist so einzigartig, wie der Fingerabdruck eines Menschen.

Nur wenn Giraffen trinken, wirken sie nicht ganz so elegant. Sie müssen entweder die Vorderbeine weit spreizen oder sich halb hinknien, um ans Wasser zu kommen.

Der einzige noch existierende nahe Verwandte der Giraffen ist das Okapi. Es lebt in den Regenwäldern Zentralafrikas. Das Okapi ist zwar nicht so groß, aber mindestens genauso elegant wie eine Giraffe.

Schon neugeborene Giraffen sind größer als die meisten erwachsenen Menschen. Sie können sofort nach der Geburt stehen und nach wenigen Stunden laufen.

DER PFEILGIFTFROSCH

Klasse: Amphibien | **Lebensraum:** Süd- und Mittelamerika | **Lebenserwartung:** bis zu 8 Jahre | **Nahrung:** Ameisen, Termiten, Spinnen und andere kleine Tiere

Tiere nutzen Gift aus zwei Gründen: um andere Tiere zu erlegen und um sich zu verteidigen.

Manchmal auch aus beiden Gründen. Klapperschlangen töten oder betäuben ihre Beute mit dem Gift aus ihren Giftzähnen, verteidigen sich damit aber auch gegen andere Tiere. Indem sie mit dem Schwanz klappern, warnen sie ihre Feinde. Auf diese Weise schüchtern sie mögliche Angreifer ein und ersparen ihnen eine schmerzliche Begegnung. Nett von ihnen, oder?

Pfeilgiftfrösche dagegen nutzen ihr Gift ausschließlich zur Verteidigung. Dafür ist es allerdings extrem giftig. Manch einer von ihnen könnte mit seinem Gift 10 Menschen auf einmal töten (was glücklicherweise nie vorkommt). Um mögliche Angreifer vorzuwarnen, sind die Frösche auffallend bunt gefärbt. Das Gift befindet sich in Drüsen direkt unter der Haut, sodass Tiere, die die Warnung ignorieren, beim ersten Biss eine böse Überraschung erleben. Selbst wenn der Frosch dabei schwer verletzt wird oder stirbt, wird der Angreifer nie wieder einen ähnlichen Frosch fressen wollen (sofern er die Begegnung überlebt). Andere Pfeilgiftfrösche haben somit eine gute Chance, zukünftig verschont zu bleiben.

DER HÜBSCH-ABER-TÖDLICH-PREIS

Ein winziger Pfeilgiftfrosch kann genügend Gift in sich tragen, um 10 Menschen zu töten.

DER HÜBSCH-ABER-TÖDLICH-PREIS GEHT AN DEN PFEILGIFTFROSCH.

Der Pfeilgiftfrosch erhält das Gift von den Tieren, die er frisst, wie Ameisen, Termiten, Tausendfüßer, Wanzen und Milben.

Nicht alle Pfeilgiftfrösche sind giftig. Manche schmecken einfach nur scheußlich, was natürlich auch eine gute Abwehrmethode ist.

Traditionell wird das Gift dieser Frösche zur Jagd mit Blasrohren verwendet. Wie unschwer zu erraten, schmiert man es auf die Pfeilspitzen.

Nicht immer klappt es beim Pfeilgiftfrosch mit der Verteidigung.
Manche Schlangenarten sind immun gegen das Gift.

Es gibt 170 Arten von Pfeilgiftfröschen. Die meisten
leben in Regenwäldern. Viele von ihnen sind selten.

1.

Erdbeerfröschchen kümmern sich mit viel
Einsatz um ihre Jungen. Die Weibchen
legen ihre Eier auf Blätter ab und die
Männchen bewässern sie 10 Tage lang
mit Flüssigkeit aus ihrem Hinterteil.

2.

Aus den Eiern schlüpfen Kaulquappen.
Die Eltern tragen sie eine nach der anderen
auf dem Rücken zum Kelch einer mit
Regenwasser gefüllten Bromelie.

3.

Einen Monat lang füttert die
Mutter sie mit besonderen Eiern, die
mit Gift gefüllt sind. Die Kaulquappen
nehmen es auf. Wenn sie zu Fröschen
werden, sind sie daher schon gut
geschützt.

DIE RANDALE-PREISE

Die meisten Tiere machen irgendwelche Geräusche. Manche orientieren sich mithilfe von Lauten, zum Beispiel Fledermäuse oder Zahnwale, die meisten aber nutzen sie zur Kommunikation, vor allem mit Tieren der gleichen Art.

DER GRAURÜCKEN-LEIERSCHWANZ
Menura novaehollandiae
Der Ohrwurm-Preis

Klasse: Vögel | **Lebensraum:** Australien | **Lebenserwartung:** bis zu 20 Jahre | **Nahrung:** Insekten und andere kleine Tiere

Vögel sind talentierte Sänger und Songschreiber, und der Graurücken-Leierschwanz gilt als der Beste unter den Besten. Bei ihm erklingt eine unglaubliche Vielfalt an Tönen. Er erfindet eigene Lieder, singt aber auch Melodien nach. Theoretisch kann er jedes andere Geräusch nachahmen: andere Vögel, Kettensägen, schreiende Babys oder Feueralarm. Leierschwanz-Männchen und -Weibchen singen, aber die Männchen sind ausdauernder, vor allem zu Beginn der Balzzeit, wenn sie ihr Revier verteidigen und eine Partnerin suchen. Zu dieser Zeit können sie mehrere Stunden am Tag ohne Unterlass singen.

DER KNALLKREBS *Alpheidae*
Der Knallkörper-Preis

Klasse: Höhere Krebse | **Lebensraum:** in allen Weltmeeren, teilweise auch im Süßwasser | **Lebenserwartung:** 1 Jahr | **Nahrung:** Krabben, Würmer, kleine Fische

Wie der Coquí-Frosch ist der Knallkrebs nur wenige Zentimeter groß, macht aber sehr beeindruckende Geräusche, die zu den lautesten im Ozean zählen. Eine seiner beiden Scheren ist viel größer als die andere und kann in Sekundenschnelle zuschnappen. Dabei spritzt vorne Wasser heraus und hinter dem Krebs entsteht eine Luftblase. Die Blase platzt beinahe sofort wieder mit einem Knall. Der ist so laut, dass er kleinere Tiere in der Nähe betäuben kann.

DER SPECHT *Picidae*
Der Schlaghammer-Preis

Klasse: Vögel | **Lebensraum:** fast überall, außer in der Antarktis | **Lebenserwartung:** bis zu 20 Jahre | **Nahrung:** vor allem Insekten, manchmal Nüsse, Früchte und Baumsaft

Spechte singen nicht wirklich, sie gackern, pfeifen und lachen eher. Und sie hämmern gern. Sie schlagen rhythmisch mit ihrem Schnabel, meistens an Baumstämme, aber auch an Schornsteine, Regenrinnen oder Straßenlaternen. Dabei können sie sehr schnell trommeln – bis zu 30 Schläge oder mehr pro Sekunde – und auch sehr laut, vor allem auf Hohlkörper. Man sollte meinen, dass sie davon Kopfschmerzen bekommen, aber ihre Schädelknochen sind mit kleinen Luftlöchern gefüllt, die die Schläge ebenso abfedern wie biegsame Knochengelenke und kräftige Muskeln am Schnabel. Diese besondere Strukturen im Schädel der Spechte wirken wie Stoßdämpfer.

DER COQUÍ-FROSCH *Eleutherodactylus coqui*
Der Größte-Schreihals-Preis

Klasse: Amphibien | **Lebensraum:** Puerto Rico | **Lebenserwartung:** 6 Jahre | **Nahrung:** Insekten

Der lauteste bekannte Frosch ist der Coquí aus Puerto Rico. Nur das Männchen singt, meist in Bodennähe. Es ruft, um Weibchen anzulocken und andere Männchen zu warnen. Sein Lied besteht aus zwei Teilen, dem „Co" und dem „Quí". Experimente haben gezeigt, dass Männchen auf den ersten Teil ansprechen und Weibchen auf den zweiten. Wenn sich ein Männchen nähert, kommt es zu einem Sänger-Wettstreit. Das Männchen mit dem lauteren „Co" gewinnt, und das andere verzieht sich.

DER GEPARD

Klasse: Säugetiere | Lebensraum: Afrika | Lebenserwartung: in freier Wildbahn 14 Jahre | Nahrung: Antilopen und andere Säugetiere

Unbestritten ist er der schnellste Sprinter der Welt: der Gepard.

Er kann bis zu 100 km/h schnell laufen. Diese Fähigkeit nutzt er bei der Jagd – seine Lieblingsbeute sind Antilopen. Der Gepard ist aber kein Ausdauerläufer, er kann nur auf kurzen Strecken so schnell rennen. Wie andere Raubkatzen auch, lauert er seiner Beute auf, beobachtet sie und pirscht sich bis auf etwa 15 Meter heran, bevor er zum Sprung ansetzt. Da Antilopen immer wachsam sind, sprinten sie sofort los und rennen buchstäblich um ihr Leben. Dabei schlagen sie Haken und laufen kreuz und quer, um den Verfolger abzuschütteln. Wenn der Gepard die Antilope nach 500 Metern nicht erwischt, hat sie gute Chancen, davonzukommen, denn weiter verfolgen Geparde ihre Opfer meist nicht. Die weniger Glücklichen werden gepackt, schnell erstickt und verspeist.

Bei der Jagd nach Beute beschleunigen Geparde selten auf Höchstgeschwindigkeit, sie laufen meist nicht schneller als 55 km/h. Stattdessen verlassen sie sich auf ihre unglaubliche Wendigkeit: Ohne das Gleichgewicht zu verlieren, können sie ganz plötzlich abstoppen und die Richtung wechseln. Dadurch können sie in unwegsamem und bewaldetem Gebiet genauso gut jagen wie in der offenen Savanne.

DER SPITZEN-FLITZER-PREIS

Der Gepard beschleunigt dreimal schneller als die Sprinter bei den Olympischen Spielen: von 0 auf 70 km/h in 2 Sekunden.

DER SPITZEN-FLITZER-PREIS GEHT AN DEN GEPARDEN.

Nach den Löwen sind Geparde die sozialsten Katzen. Die Männchen jagen zusammen in kleinen Gruppen und teilen die Beute.

Anders als andere Katzen können Geparde ihre Krallen nicht vollständig einziehen. Die Krallen geben ihnen beim Laufen besonders viel Halt – wie Spikes bei Laufschuhen.

Ein Gepard kann mit einem einzigen Sprung 7 Meter überwinden.

Geparde jagen nur alle paar Tage. Die restliche Zeit schlafen sie oder streifen gemächlich umher.

zzzzzz

Geparde halten immer Ausschau nach Beute und nach Jägern, die es auf ihre Jungen abgesehen haben, wie Löwen, Hyänen und Leoparden.

Zur Leibspeise der Geparde zählen der Springbock und die Thomson-Gazelle. Die Raubkatzen sind auf kurzen Strecken schneller, können das Tempo aber nicht lange halten.

Nordamerikanische Gabelböcke sind sehr schnell, obwohl es in ihrem Lebensraum keine so schnellen Raubtiere mehr gibt. Das hohe Tempo stellt möglicherweise eine Anpassung an eine inzwischen ausgestorbene dem Gepard ähnliche Raubkatze dar.

DER MISTKÄFER

Klasse: Insekten | **Lebensraum:** fast überall, außer in der Antarktis | **Lebenserwartung:** bis zu 3 Jahre | **Nahrung:** Tierdung von pflanzenfressenden Säugetieren

Mistkäfer sind enorm stark. Die meiste Zeit verbringen sie damit, Mist hin und her zu transportieren.

Ohne die Mistkäfer würden überall Häuflein herumliegen – sie sind also ziemlich wichtig! Für Mistkäfer ist das aber kein Abfall, sondern ihre Lebensgrundlage. Sie legen ihre Eier hinein, und wenn die Larven schlüpfen, ernähren diese sich von dem Mist. Die ausgewachsenen Tiere sind dagegen recht genügsam. Ihnen reicht die Flüssigkeit, die aus den Mistkügelchen heraustritt.

Die meisten Mistkäfer stopfen die Dungkugeln in unterirdische Brutkammern. Die Weibchen legen die Eier darauf ab. Manchmal wird noch eine zweite Kugel draufgelegt und dann alles mit Erde bedeckt.

Dungkugeln zu rollen, kann ganz schön anstrengend sein, Mistkäfer brauchen also jede Menge Muckis. Viele Mistkäfer-Männchen können locker Mistkugeln, die 50-mal so schwer sind wie sie selbst, eine steile Rampe hochrollen und dabei auch noch ihr Weibchen transportieren. Der stärkste Mistkäfer kann sogar Lasten bewegen, die 1000-mal so schwer sind wie er. Auch im Konkurrenzkampf untereinander zahlt sich die enorme Kraft aus. Manchmal kämpfen die Männchen zum Beispiel um die Brutkammern der Weibchen. Der Schwächere von beiden zieht dabei den Kürzeren.

DER KLEIN-ABER-OHO-PREIS

Ein Mistkäfer kann einen Mistklumpen bewegen, der 1000-mal schwerer ist als er selbst.

DER KLEIN-ABER-OHO-PREIS GEHT AN DEN MISTKÄFER.

Manche Mistkäfer klauen sich gegenseitig die Dungkugeln.

Wenn es heiß ist, verdampft das in der Dungkugel enthaltene Wasser – das wirkt kühlend, auch für den Mistkäfer.

Bei den alten Ägyptern galten die Mistkäfer – Skarabäen genannt – als heilig. Sie gestalteten Mistkäfer-Schmuck aus Edelsteinen.

Mit seinen Hinterbeinen schiebt der Mistkäfer die Dungkugel rückwärts.
Seine Vorderbeinchen sind gekerbt, damit er beim Schieben guten Halt hat.

Nachts orientieren sich Mistkäfer anhand der Milchstraße.
Das ist sehr ungewöhnlich im Tierreich.

Wenn ein Mistkäfer die Orientierung verloren hat, krabbelt er
auf die Dungkugel und tanzt wirbelnd herum, bis er wieder weiß,
wo's langgeht.

Es gibt mehr als 150 Mistkäfer-Arten in verschiedensten Größen.
Doch egal wie groß – sie alle sind kleine Kraftprotze.

DER GEIER

Klasse: Vögel | **Lebensraum:** Amerika, Südeuropa, Asien, Afrika | **Lebenserwartung:** in freier Wildbahn etwa 45 Jahre | **Nahrung:** hauptsächlich Aas (tote Tiere)

Geier haben nicht allzu viele Fans. Sie gelten als hässlich, und dass sie oft in der Nähe von toten Tieren herumlungern, macht sie auch nicht attraktiver.

Dabei erledigen sie einen unglaublich wichtigen Job. Die meisten Geier ernähren sich von den Überresten toter Tiere, die von Raubtieren getötet wurden oder eines natürlichen Todes gestorben sind. Da sie die Reste vertilgen, verhindern Geier, dass sich Krankheiten ausbreiten.

In Indien streifen Millionen von Kühen durchs Land. Da sie als heilig gelten, sterben sie dort meist eines natürlichen Todes. Früher haben Dünnschnabelgeier, Weißrückengeier und Kahlkopfgeier deren Überreste weitestgehend vertilgt. Seit den 1990er Jahren gibt es aber immer weniger Geier in Indien, wodurch die Kadaver auf den Feldern liegen blieben, verrotten und oft das Trinkwasser verseuchen. Dadurch verbreiten sich Krankheiten wie der Milzbrand. Andere Aasfresser wie wilde Hunde und Ratten haben sich zwar inzwischen vermehrt, doch sie sind in der Müllentsorgung lange nicht so effektiv wie Geier. Das ist eine ziemliches Problem in Indien.

DER MÜLL-ABFUHR-PREIS

Der Geier ist als Aasfresser bekannt, ein wirklich wichtiger Job.

DER MÜLLABFUHR-PREIS GEHT AN DEN GEIER.

Ein Geier kann 1 Kilo Fleisch in 1 Minute herunterschlingen. Eine Geierschar kann sogar in einer halben Stunde einen ganzen Kuh-Kadaver vernichten.

Im Magen haben Geier sehr scharfe Säuren, die Bakterien vernichten und das Fleisch sehr schnell auflösen. Darum werden sie durch ihre Nahrung nicht so leicht krank.

Geier können auf der Suche nach Beute riesige Flächen überfliegen – manchmal Zehntausende von Quadratkilometern.

Der Palmgeier ist ein ungewöhnlicher Geier: Er ist nämlich Vegetarier. Er liebt die Nüsse der Raphia- und Ölpalmen, nur gelegentlich schnappt er sich einen Krebs oder einen Frosch als Snack.

Viele Geier sind an Kopf und Hals nur leicht mit Federn bedeckt. So bleiben sie beim Fressen sauber, und ihr Körper überhitzt nicht.

Der Bartgeier frisst am liebsten zerschmetterte Knochen und Schildkröten. Indem er hochfliegt und seine Beute dann auf einem Felsen zerschellen lässt, zerkleinert er sie zu mundgerechten Stücken.

DIE LANDSCHILDKRÖTE

Klasse: Reptilien | **Lebensraum:** Nord- und Südamerika, Europa, Asien, Afrika |
Lebenserwartung: bis zu 200 Jahre oder mehr | **Nahrung:** hauptsächlich pflanzlich

Es gibt viele Tiere, die ziemlich alt werden können. Bei den Landtieren hält die Schildkröte den Altersrekord.

Von 3 Landschildkröten weiß man ziemlich sicher, dass sie über 150 Jahre alt wurden. Die wahrscheinlich älteste war „Adwaita", die von 1875 bis 2006 im Alipur-Zoo in Kalkutta, Indien, lebte und vermutlich um 1750 zur Welt kam.

„Harriet" war eine Galapagos-Riesenschildkröte, die von 1860 bis zu ihrem Tod 2006 in verschiedenen australischen Zoos gelebt hat und schätzungsweise 1830 aus dem Ei geschlüpft ist. Einer Legende zufolge hatte sie einst der Forscher Charles Darwin von den Galapagosinseln mitgebracht.

„Tu'i Malila" war eine Strahlenschildkröte aus Madagaskar, die ihr Leben in den Gärten des Königspalasts von Tonga im Südpazifik verbrachte, und zwar mindestens vom frühen 19. Jahrhundert an bis 1965. Es heißt sogar, dass der Entdecker James Cook die damals noch junge Schildkröte der königlichen Familie von Tonga schenkte, als er die Insel 1777 besuchte.

DER SENIOREN-PREIS

Das Alter spielt keine Rolle: Eine 120 Jahre alte Schildkröte kann genauso fit sein wie eine 20-jährige.

DER SENIOREN-PREIS GEHT AN DIE SCHILDKRÖTE.

Die kleinste Landschildkröte ist nur 10 Zentimeter lang und die größte fast 2 Meter. Alle können sehr alt werden.

Schildkröten wachsen ihr ganzes Leben lang, doch je älter sie werden, desto langsamer wachsen sie.

Anders als Säugetiere werden Schildkröten im Alter nicht krankheitsanfälliger.

Wie andere Reptilien auch kommen Schildkröten monatelang ohne Fressen aus.

Von allen Landtieren leben die Schildkröten am längsten.
Aber einige Wassertiere übertrumpfen sie noch.

Grönlandhai:
400 Jahre

Schwarze Korallen: 4000 Jahre

Islandmuschel:
500 Jahre

DER STRAUSS

Klasse: Vögel | **Lebensraum:** Afrika | **Lebenserwartung:** etwa 40 Jahre |
Nahrung: Insekten, Schlangen, Eidechsen und kleinere Nagetiere

Strauße sind die größten noch existieren-
den Vögel – die Männchen können bis zu
3 Meter groß werden und 150 Kilo wiegen. Kein Wunder, dass Strauße die größten Eier der Welt legen.

Die Eier werden bis zu 15 Zentimeter lang und können 1,5 Kilo wiegen. Das entspricht 24 Hühnereiern! Das eigentlich Er-
staunliche aber: Auch wenn die Straußeneier die allergrößten
sind, sind sie im Verhältnis zur Körpergröße des Vogels jedoch
die kleinsten.

Wie du dir denken kannst, sind Straußennester ziemlich groß.
Oft legen sogar mehrere Straußen-Weibchen ihre Eier in das
gleiche Nest. Auch Straußeneier müssen bebrütet werden.
Ein Strauß kann aber nur 20 Eier gleichzeitig bebrüten. Die
Haupthenne unter den Weibchen wählt daher einige Eier aus
und rollt die übrigen zur Seite oder ganz aus dem Nest. Da
sie ihre eigenen Eier erkennt, bevorzugt sie natürlich die, brütet aber auch noch einige der Nebenhennen aus.

Straußen-Ei

In ein Straußenei würden 24 Hühnereier hineinpassen!

DER RIESEN-EI-PREIS

DER RIESEN-EI-PREIS GEHT AN DEN STRAUSS.

Vor Jahrtausenden haben unsere
Vorfahren die Schale der Straußeneier
bemalt oder darin Bilder eingraviert.

Straußeneier sind so ungewöhnlich und
groß, dass sie manch einer zur
Dekoration aufstellt.

In ein Straußenei passt etwa 1 Liter
Wasser. Früher hat man die Eier daher
gern als Flaschen verwendet.

Die Schale ist so dick, dass man aus ihr
Schmuckperlen herstellen kann.

Hier der Strauß und seine Konkurrenten um den Riesen-Ei-Preis

Strauß

Emu

Kasuar

Kaiserpinguin

Krauskopf-pelikan

Bevor sie vor circa 1000 Jahren ausstarben, haben Elefantenvögel ebenfalls sehr große Eier gelegt. Möglicherweise starben sie deshalb aus, weil Menschen gern Omeletts aus ihren Eiern zubereiteten.

Straußeneier haben so dicke Schalen, damit sie nicht unter dem Gewicht der brütenden Eltern zerbrechen.

Anders als Pflanzen, die ihre Nahrung durch Fotosynthese selbst herstellen, müssen alle Tiere fressen. Während Raubtiere im Laufe der Zeit verschiedenste Jagdstrategien entwickelten, haben sich auch ihre Beutetiere (die manchmal ebenfalls Raubtiere sind) Einiges einfallen lassen, um sich vor den Räubern zu schützen. Tarnung und Irreführung sind dabei sehr wichtig. Und hier die Superstars im Versteckenspielen:

DER KARIBISCHE RIFFKALMAR

Sepioteuthis sepioidea
Der Du-siehst-mich-du-siehst-mich-nicht-Preis

Klasse: Kopffüßer | **Lebensraum:** Westatlantik, Karibik und der Golf von Mexiko | **Lebenserwartung:** 6 Monate | **Nahrung:** kleine Fische und Krabben

Tiere, die im Meer schwimmen, leben gefährlich, da es schwer ist, sich dort vor Raubtieren zu verstecken. Um das Problem zu lösen, hat der Karibische Riffkalmar sich etwas Besonderes einfallen lassen. Wenn sich ein Raubfisch nähert, stößt er eine schwarze Tintenwolke aus, hinter der er sich versteckt. Die Tinte wabert vor dem Raubfisch herum und irritiert ihn so sehr, dass der Kalmar unbemerkt verschwinden kann, während der Angreifer noch überlegt, ob er die komische schwarze Masse attackieren oder besser vor ihr flüchten soll.

DER FASANBUTT *Bothus mancus*
Der Ruck-zuck-Kostümwechsel-Preis

Klasse: Knochenfische | **Lebensraum:** tropischer Atlantischer Ozean | **Lebenserwartung:** bis zu 10 Jahre | **Nahrung:** Fische und Krebse

Viele Tiere versuchen, sich ihrer Umgebung so anzupassen, dass man sie nicht mehr bemerkt. Manche können ihre Farbe ändern, je nachdem, wo sie gerade sind. Butte sind darin besonders gut, einige können sogar schachbrettartige Muster annehmen. Und sie sind schnell: Der Fasanbutt beispielsweise kann sein Aussehen im Nu komplett verändern.

DIE ROTE KÖNIGSNATTER *Lampropeltis elapsoides*
Der Doppelgänger-Preis

Klasse: Reptilien | **Lebensraum:** Nordamerika | **Lebenserwartung:** 10 bis 15 Jahre | **Nahrung:** hauptsächlich kleine Eidechsen, auch kleine Nagetiere und Eier

Um Feinde zu warnen, tragen manche Tiere bunte Farben, die sagen: „Hände weg, ich bin giftig", oder: „Pass auf, ich beiße." Die sehr giftige Korallennatter hat zu diesem Zweck rote, weiße und schwarze Streifen am Körper. Die ungiftige Rote Königsnatter nun, die sich mit der Korallennatter den Lebensraum teilt, sieht ihr zum Verwechseln ähnlich. Damit täuscht sie ihre Angreifer, die sie für genauso gefährlich halten.

DIE KRONENFANGSCHRECKE
Hymenopus coronatus
Der Unsichtbare-Mann-Preis

Klasse: Insekten | **Lebensraum:** Südostasien | **Lebenserwartung:** etwa 8 Monate | **Nahrung:** andere Insekten

Die Kronenfangschrecke ist ein Raubinsekt, das genauso aussieht wie eine exotische pinkfarbene Blume. Sie hält sich meist in der Nähe dieser Blume auf und versucht, nicht aufzufallen. Wenn Insekten auf der Suche nach Nektar und Pollen heranschwirren, schnappt die Schrecke blitzschnell zu und fängt sie sich zum Mittagessen. Und sie hat sogar noch einen Trick auf Lager: Die Fangschrecke ahmt einen Laut nach, den Bienen von sich geben, wenn sie etwas zu Fressen gefunden haben. Kaum folgen die Bienen dem verlockenden Ruf, finden sie sich auch schon in den Fängen der Schrecke wieder!

DIE GELBE HAARQUALLE

Klasse: Schirmquallen | **Lebensraum:** Atlantik, Ärmelkanal, Nord- und Ostsee |
Lebenserwartung: circa 1 Jahr | **Nahrung:** kleine Krebstierchen

Quallen haben weder Arme noch Beine und auch keinen Schwanz, dafür aber hat die Gelbe Haarqualle Tentakel, die ihresgleichen suchen.

Das Tier, das auch als Feuerqualle bekannt ist, hat einen glockenförmigen Körper mit einer Öffnung an der Unterseite, aus der Tentakel herausfransen. Die längsten je gemessenen waren 30 Meter lang! (So lang werden Blauwale.) Und Haarquallen haben bis zu 1200 Stück davon.

Genau wie andere Quallen nutzt die Haarqualle die Tentakel nicht zum Schwimmen. Das erledigt sie durch elegante, pulsierende Bewegungen des schirmförmigen Körpers. Große Entfernungen legt sie zurück, indem sie sich einfach von den Meeresströmungen treiben lässt. Die Tentakel braucht die Qualle vielmehr, um Futter zu sammeln. Denn sie sind mit klebrigen Nesselzellen besetzt, die sich öffnen, sobald sie auf Widerstand stoßen. Wenn sich andere Meerestiere in den Tentakeln verfangen, geben die Nesselzellen ein Gift ab, das die Tiere tötet oder betäubt. Dann wird die Beute durch die Mundöffnung in den magenähnlichen Teil des Körpers befördert und schließlich verdaut. Unverdaute Reste kommen durch dieselbe Öffnung wieder raus.

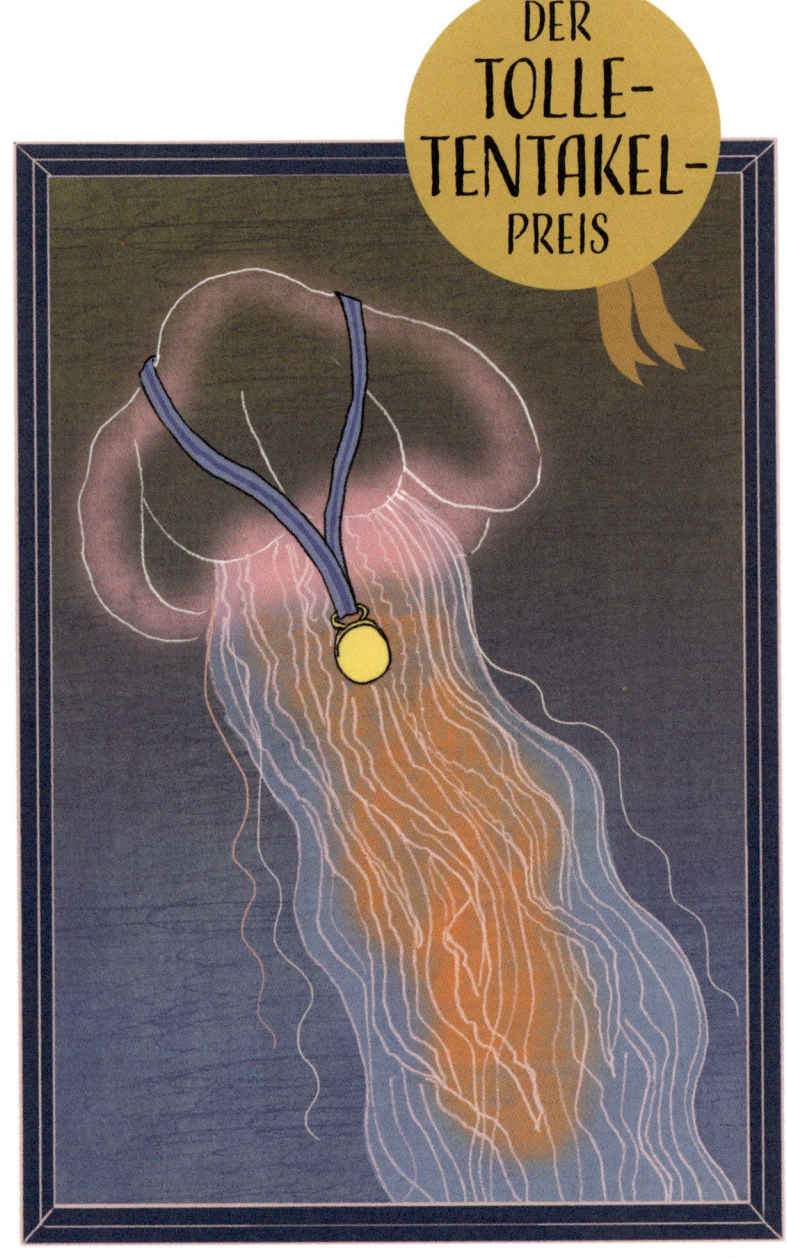

DER TOLLE-TENTAKEL-PREIS

Die Tentakel der Gelben Haarqualle sind so lang wie der Blauwal groß ist.

DER TOLLE-TENTAKEL-PREIS GEHT AN DIE GELBE HAARQUALLE.

Gelbe Haarquallen fressen Garnelen und andere Krebstiere, manchmal auch kleine Quallen.

Die Gelben Haarquallen stehen auf dem Speiseplan der vom Aussterben bedrohten Lederschildkröte.

Die Gelbe Haarqualle hat kein Gehirn und keine richtigen Augen, aber ein Nervensystem und Zellen, die hell und dunkel wahrnehmen.

Meist trifft man die Gelbe Haarquelle in den kalten Meeren des hohen Nordens an, doch man begegnet ihr auch in Nord- und Ostsee.

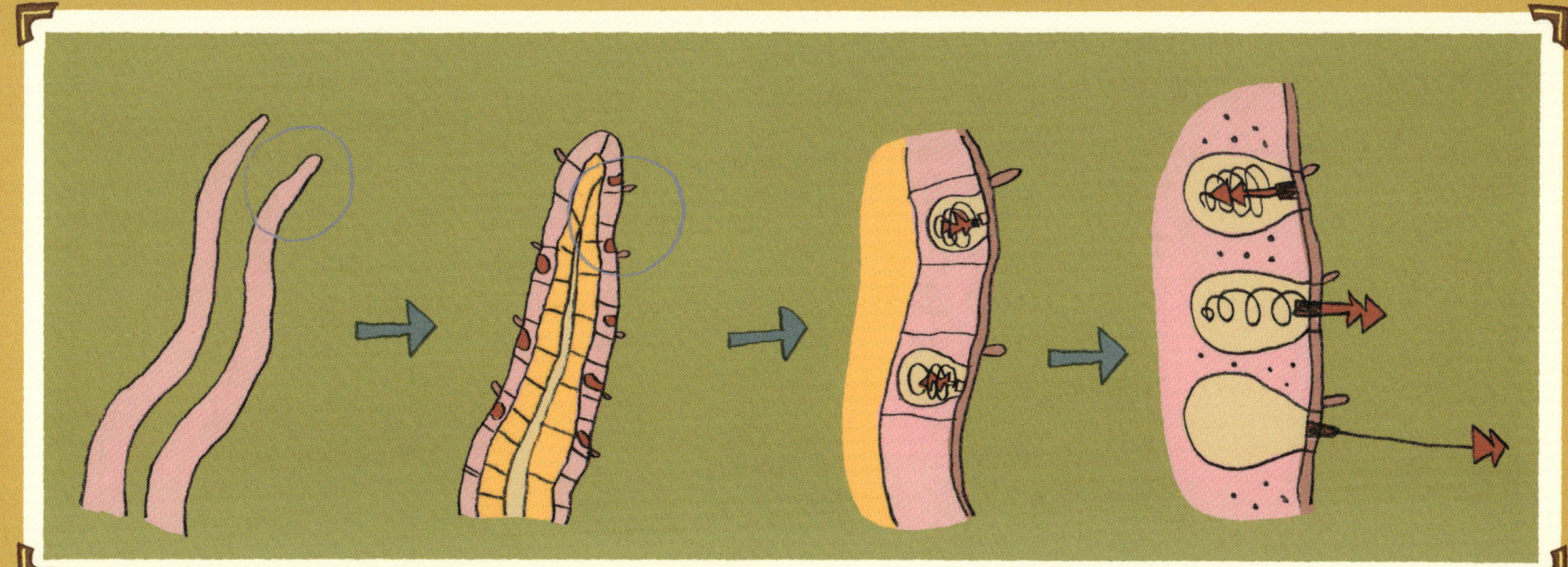

Die Nesselzellen sind die eigentliche Geheimwaffe an den Tentakeln der Quallen. Bei Berührungen tritt Wasser in die Zellen ein, und die Nesseln werden in höchstem Tempo herausgeschleudert. Die meisten haben scharfe, stachelige Enden. Damit stechen sie das Opfer und flößen ihm Gift ein.

Quallen gehören wie Korallen und Seeanemonen zu den Nesseltieren, da alle Nesselzellen besitzen.

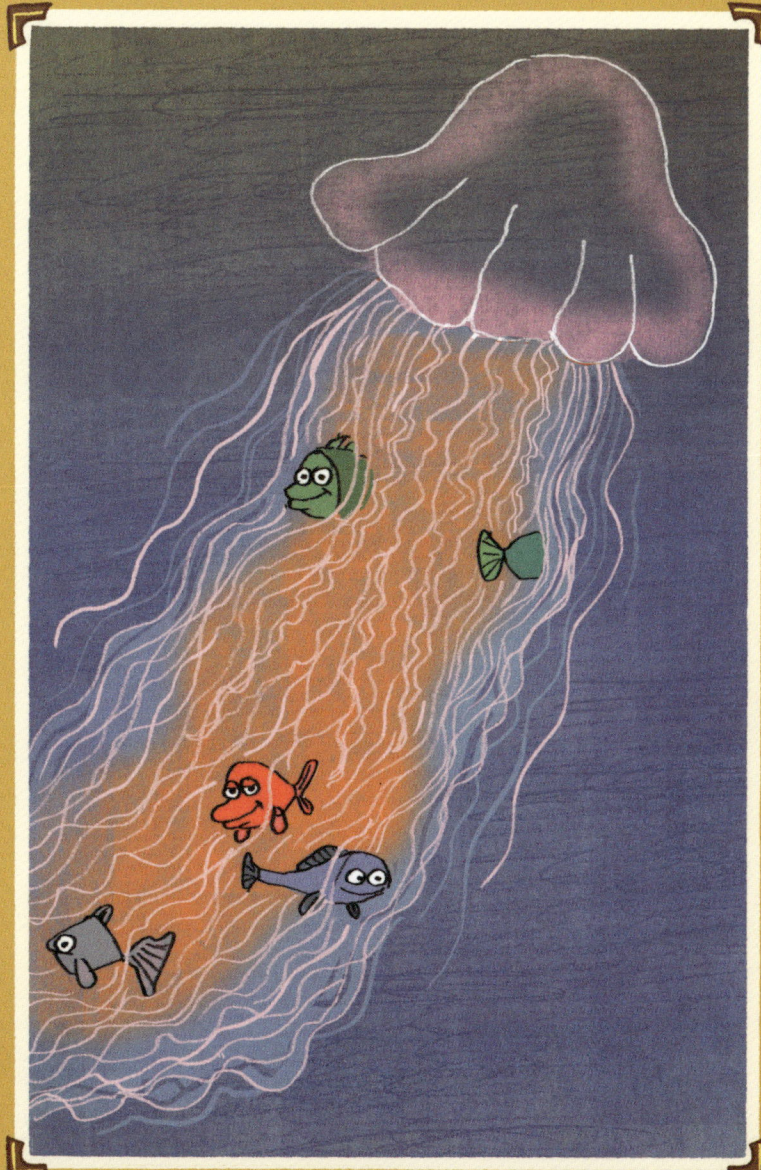

Junge Fische verstecken sich gern zwischen den Tentakeln der Haarqualle vor Räubern. Sie scheinen den Tentakeln gut ausweichen zu können und ein paar Stiche machen den Kleinen offenbar nichts aus.

DER AXOLOTL

Klasse: Amphibien | **Lebensraum:** Mexiko | **Lebenserwartung:** mindestens 17 Jahre | **Nahrung:** kleine Wassertiere, vor allem Würmer und Fische

Nach dem Schlupf oder der Geburt wachsen Tiere gewöhnlich und durchlaufen einige Veränderungen. Neue Körperteile wachsen aber den wenigsten.

Viele Tiere hören irgendwann auf zu wachsen, genau wie wir Menschen, nur einzelne Teile wie Haare, Federn, Krallen und so fort wachsen weiter. Außerdem erneuern sich bei allen Tieren nach und nach Zellen, aus denen Gewebe und Organe bestehen. Wenn sie Körperteile wie Arme oder Beine verlieren, etwa durch einen Unfall, können die meisten sie nicht erneuern. Anders Molche und Salamander: Manche haben die außergewöhnliche Fähigkeit, sich zu regenerieren. Allen voran der Axolotl, eine Art Salamander, der in Gewässern in der Nähe von Mexiko-Stadt lebt.

Wie Frösche sind Axolotl Amphibien, und Amphibien verbringen die erste Zeit ihres Lebens unter Wasser, wo sie durch Kiemen atmen. Wenn sie heranwachsen, verlieren Amphibien normalerweise die Kiemen und entwickeln zum Luftholen stattdessen Lungen. Bei Axolotls ist das anders: Sie behalten ihre Kiemen und bleiben ihr Leben lang unter Wasser. Bis auf ihre Körpergröße verändern sie ihr Aussehen nicht. Sie sehen dann einfach wie zu groß geratene Kaulquappen aus – die sich allerdings fortpflanzen können. Dass sie nie richtig erwachsen werden, ist vermutlich mit ein Grund für ihre außergewöhnliche Regenerationsfähigkeit.

DER EWIGE-JUGEND-PREIS

Bei diesen Tieren wachsen nicht nur ganze Körperteile nach, sie scheinen auch unempfindlich gegen menschengemachte Umweltverschmutzungen zu sein.

DER EWIGE-JUGEND-PREIS GEHT AN DEN AXOLOTL.

Dem Axolotl können komplett neue Beine, Kiefer und Schwänze wachsen, sogar Teile von Augen, Gehirn und Herz.

Es dauert 1 bis 3 Monate, bis dem Axolotl ein komplett neues Bein gewachsen ist.

Axolotl sind in der Natur leider inzwischen selten geworden.

1804 brachte der Forscher Alexander von Humboldt erstmals ein Axolotl mit nach Europa.

DIE GROSSE RIESENMUSCHEL

Klasse: Muscheln | **Lebensraum:** Indischer Ozean und Pazifik | **Lebenserwartung:** über 100 Jahre | **Nahrung:** winzige Meeresorganismen und Algen, die auch Zuckerverbindungen liefern

Unser Skelett ist sehr nützlich, aber wenn man sich gegen Gefahren von außen schützen will, ist ein Außenskelett noch viel besser.

Man spricht auch von einem Exoskelett. So eines hat zum Beispiel die Große Riesenmuschel. Die harte Schale schützt das weiche Innere der Muschel.

Manche Exoskelette sind geschmeidig und flexibel, etwa bei Käfern oder anderen Insekten und bei Krustentieren wie Krabben und Langusten. Andere sind fest und komplett unbeweglich, wie jene der Flügelschnecken, Porzellanschnecken und anderen Verwandten. Muscheln wie Austern oder Miesmuscheln liegen dazwischen. Ihre Schale besteht aus zwei Teilen, die mit einer Art beweglichem Scharnier verbunden sind. Die schwerste Schale – und damit das schwerste Exoskelett des Tierreichs überhaupt – gehört der Großen Riesenmuschel, einer der bemerkenswertesten Bewohnerinnen des Pazifiks und des Indischen Ozeans. Das größte bekannte Exemplar wurde im 19. Jahrhundert gefunden, es hatte einen Durchmesser von 140 Zentimetern und wog unglaubliche 230 Kilo.

DER HARTE-SCHALE-WEICHER-KERN-PREIS

Die Große Riesenmuschel ist mit ihrer steinharten Schale der Champion am Meeresgrund.

DER HARTE-SCHALE-WEICHER-KERN-PREIS GEHT AN DIE RIESENMUSCHEL.

Die Riesenmuschel hat über 300 Augen, die aber nur sehr einfach gebaut sind und keine Details erkennen.

Wie Austern können auch in Großen Riesenmuscheln Perlen heranwachsen. Ihre Oberfläche ist allerdings stumpf, ganz anders als bei Schmuckperlen.

In Asien und der Pazifik-Region ist das Fleisch der Großen Riesenmuscheln sehr beliebt (und teuer).

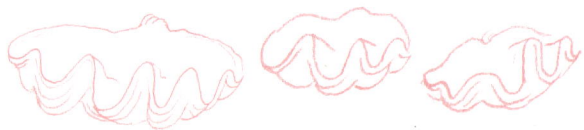

Ausgewachsene Große Riesenmuscheln können sich nicht bewegen. Bei Gefahr schließen sie mithilfe starker Muskeln ihre Schale. Dabei spucken sie jede Menge Wasser aus.

Einen Großteil ihres Futters stellen im weichen Mantel der Muschel lebende Microalgen durch Fotosynthese mithilfe des Sonnenlichts her.

Muschellarve

Jungmuschel

Jungtier setzt sich fest

Großes Jungtier

Die Großen Riesenmuscheln beginnen ihr Leben als Eier, die frei im Wasser schweben. Wenn sie als Larven schlüpfen, schwimmen sie herum und erinnern in nichts an ihre Eltern. Nach einige Tagen lassen sie sich am Grund des Riffs nieder, wo sie sich in Mini-Muscheln verwandeln. Die jungen Muscheln können noch herumschwimmen. Dabei hilft ihnen eine Art Fuß, den sie auch zum Fressen brauchen. Wenn sie eine gute Stelle gefunden haben, lassen sie sich dort für den Rest ihres Lebens nieder.

DER EISBÄR

Klasse: Säugetiere | **Lebensraum:** rund um den Nordpol | **Lebenserwartung:** bis zu 45 Jahre | **Nahrung:** Robben und Fische

Eisbären fühlen sich auf dem Eis pudelwohl. Kein anderes Tier ist so gut an das Leben auf den Eisflächen angepasst, die besonders im Winter große Teile des Nordpolarmeers bedecken.

Am liebsten fressen Eisbären Ringel-, Bart- und Sattelrobben, die im Nordpolarmeer leben. Die Robben verbringen viel Zeit unter Wasser. Doch wenn sie unter dem Eis jagen, müssen sie ab und zu an die Oberfläche kommen, um Luft zu holen. Genau darauf wartet der Eisbär. Er lauert geduldig, bis die Robbe an ihrem Atemloch auftaucht. Dann geht alles ganz schnell. Er packt die Robbe mit seinem Gebiss oder den kräftigen Pranken und erlegt sie. Manchmal lauern Eisbären auch Robben auf, die sich auf dem Eis ausruhen.

Der Klimawandel stellt ein Problem für die Eisbären dar: Weil das Eis von Jahr zu Jahr früher schmilzt, sind sie gezwungen, ihe Lebensgewohnheiten zu ändern. Manche wandern ins Landesinnere und durchwühlen Müllhalden oder rauben die Nester von Gänsen und anderen Vögeln aus. Andere fressen wochen- oder monatelang nichts, bis das Meer wieder zufriert. Viele von ihnen verhungern vorher.

DER EISZAPFEN-PREIS

Der Eisbär ist ein richtig cooler Typ. Er ist das größte Landraubtier und verbringt einen Großteil seiner Zeit auf dem treibenden Meereis.

DER EISZAPFEN-PREIS GEHT AN DEN EISBÄREN.

Mit dem dicken weißen Fell sind die Eisbären auf dem weißen Eis gut getarnt. Außerdem hält es sie warm.

Eisbären haben rutschfeste Fußsohlen, die ihnen auf dem Eis Halt geben.

Bei der Suche nach Beute legen Eisbären lange Strecken zurück. Sie brauchen viel Ausdauer.

Eisbären können übrigens auch fischen. Dazu hacken sie Löcher ins Eis.

Das Fell der Eisbären sieht zwar weiß aus, aber die äußeren Haare sind hohl und durchsichtig. Die Eisbärenhaut ist schwarz.

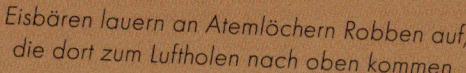

Eisbären lauern an Atemlöchern Robben auf, die dort zum Luftholen nach oben kommen.

Eisbären tauchen gern nach Fischen. Ein Tauchgang kann bis zu 2 Minuten dauern.

Wenn das Meereis schmilzt, muss der Eisbär auf der Suche nach Fressbarem ins Landesinnere wandern.

REGISTER

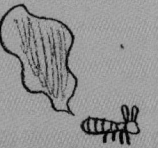